KULTURATLAS BRANDENBURG

Historische Landkarten
Geschichte der Mark im Überblick

KULTURATLAS BRANDENBURG

Historische Landkarten
Geschichte der Mark im Überblick

Bearbeitet und herausgegeben
von Prof. Dr. Gerd Heinrich

2. erweiterte und verbesserte Auflage

Inhalt.

Vorwort	5
Gewässer und Höhenschichten	7
Slawen in Brandenburg	8
Brandenburg im Spätmittelalter. 1250–1575	10
Besitzstandsverhältnisse des Havellandes im 14. Jahrhundert	12
Die Reformation. 1539–1572	14
Der Dreißigjährige Krieg. Bevölkerungsverluste	16
Der Aufstieg Berlins. 1640–1713	22
Aufstieg der Städte: Brandenburg, Frankfurt (Oder) und Spandau um 1700	23
Ackerbürgerstädte – Kreisstädte	25
Kolonistenzuzug und Neusiedlung. 1685–1786	27
Frühe Gewerbe. 1650–1713	32
Verwaltung. 1815–1945	34
Verwaltung. 1945–1990	36
Eisenbahnnetz. 1838–1970	38
Der Aufstieg Potsdams. 1780. 1845. 1927	40
Garnisonen und Truppengattungen. 1914 und 1939	42
Diktatur und Terror. 1933–1945	46
Berlin in Bauten und Ansichten	48
Das Olympiagelände	50
Militärischer Zusammenbruch. 1945	52
Berlin. Die Entwicklung einer Zentrallandschaft 1820–1990	54
Die Sektoren-Stadt Berlin: Transitwege	55
Sowjetische Garnisonen. 1988	58
Sowjetische (russische) Garnison Potsdam. 1945–1994	60
Industriestandorte. 1989	62
Museen in Brandenburg	66
Preußen. Entwicklung des Staatsgebietes. 1525–1945	68
Zeittafel	70
Literatur	73
Berlin und Umgebung 1874	76

Vorwort zur zweiten Auflage

Nach kurzer Zeit ist die 1. Auflage des Kulturatlasses vergriffen gewesen. Die an der Geschichte und Landeskunde von Berlin-Brandenburg Interessierten, in Berlin und weit darüber hinaus, haben den Band mit der anregungsreichen Umsetzung der Landesgeschichte in das Kartenbild und mit seinen weiteren Informationen als neue Grundliteratur verstanden und den älteren Werken hinzugefügt. Manche Kartenwünsche konnten wegen der begrenzten Mittel noch nicht erfüllt werden, weil es an grundlegenden Forschungen zu Teilen der brandenburgischen Geschichte und Kunstgeschichte fehlt. Viele Anregungen und Wünsche erreichten den Herausgeber, wofür er seinen Dank ausspricht. Von Freunden der brandenburgischen Geschichte und Landeskunde kamen Hinweise auf weitere Themen und Karten, so auch von Herrn Peter Sagert (Alt Landsberg). Ich verweise auf die Literatur- und Quellen-Angaben in den größeren Atlas-Werken, die von der Historischen Kommission zu Berlin herausgegeben werden. Die 2. Auflage des Kulturatlasses behandelt vor allem mit zusätzlichen Karten das Problem der Verflechtung des Berlin-Brandenburger Raumes im 19. Jahrhundert, als sich die Weltstadt der Gegenwart herauszubilden begann.

Wiederum gilt der herzliche Dank allen von Anfang an Beteiligten, Personen und Institutionen, die dem Werk ihre Hilfe angedeihen ließen. Die Stiftung Hasso Plattner steuerte einen namhaften Betrag für die Drucklegung der 1. Auflage bei. Insbesondere ist nunmehr zu nennen Christian Wagner (Firma Scantinental Business Kontakt-Agentur), der die verlegerische Leitung übernommen hat. Im Hinblick auf das internationale Interesse an der deutschen Hauptstadt und an ihrem Umland wird in Kürze eine Ausgabe in englischer Sprache erscheinen.

Inmitten einer kaum noch überschaubaren Literatur verschiedener Qualitätsstufen führen die Karten schnell, einfach und übersichtlich in wesentliche Sachverhalte ein. Wir sehen unsere Geschichte bildhaft vor uns. So darf der Atlas für fast alle Lebensalter und für fast alle Bildungsstufen als ein Tafelwerk zum Verständnis unserer historischen Existenz gelten.

Gerd Heinrich

Im September 2006

Gewässer und Höhenschichten.

Die Landschaft bestimmt nicht nur den ersten Eindruck, den man von einem Gebiet gewinnt. Sie nimmt auch wesentlichen Einfluss auf die historische Entwicklung des jeweiligen Landstriches. So wie jede andere Landschaft ist auch Brandenburg durch erdgeschichtliche Entwicklungen geprägt. Die Mark gehört zum Norddeutschen Tiefland, also zu dem Gebiet nördlich der deutschen Mittelgebirge, die durch den Harz und das Erzgebirge gebildet werden. Das Relief der Erdoberfläche wurde durch die aus Skandinavien kommenden Eismassen geformt, da während der Weichsel-Eiszeit (um 18 000 v. Chr.) die Gletscher bis in das Gebiet von Brandenburg reichten. Diese durch die Landschaft pflügenden Eismassen warfen Moränen, d.h. Hügel aus Geröll- und Erdmassen auf und bildeten an ihren Rändern breite Urstromtäler aus. Insgesamt nahm die Oberfläche des Landes durch die eiszeitlichen Ablagerungen eine hügelige Gestalt mit ebenen Flächen an.

Im Norden Brandenburgs erstreckt sich von Nordwesten nach Südosten ein schmaler Streifen des Baltischen Landrückens, ein Endmoränenbogen, der bis zu 150 Meter ansteigt. Zwischen den Moränenhügeln sind zahlreiche Seen eingebettet, die zur Mecklenburgischen Seenplatte gehören. Auf der südlichen Abdachung des Landrückens liegt zunächst die im Nordwesten zur Elbe abfallende Prignitz, eine trockene und waldreiche Sanderlandschaft, auf der sich ausgedehnte Forsten befinden. Östlich davon, zwischen Havel und Oderniederung, schließt sich die an Polen grenzende Uckermark an, zu der auch das wald- und seenreiche Biosphärenreservat Schorfheide gehört. Östlich Berlins liegt die Märkische Schweiz.

Die Oberflächenformen im Süden des Landes sind nicht erst während der Weichsel-Eiszeit, sondern schon während der älteren Saale-Eiszeit (um 100 000 v. Chr.) entstanden. Die aus dieser Eiszeit stammenden Moränen, die Altmoränen, bilden die Höhenzüge des Lausitzer Grenzwalls und des Flämings.

Neben diesen Höhen ist die Landschaft durch Urstromtäler geprägt. Dabei handelt es sich um breit angelegte, von Ost nach West verlaufende Sohlentäler. Während der letzten Vereisungen der Weichsel-Eiszeit floss in den Urstromtälern das Schmelzwasser zur Nordsee ab. Von Norden nach Süden folgen aufeinander das Thorn-Eberswalder-Urstromtal, das Warschau-Berliner- und das Glogau-Baruther-Urstromtal. In diesen Tälern verlaufen heute Teilstücke von Spree, Havel und Elbe sowie künstliche Wasserstraßen, u. a. der Oder-Spree-Kanal und der Oder-Havel-Kanal. In den Urstromtälern haben sich wegen des hohen Grundwasserbestands ausgedehnte Feuchtgebiete mit Auwäldern herausgebildet, so das Rhinluch, das Havelländische Luch, das Oderbruch und der als Biosphärenreservat der UNESCO eingetragene Spreewald. Die Urstromtäler sind durch höher gelegene größere Erdplatten, wie z.B. Barnim und Teltow nordöstlich und südwestlich von Berlin, oder kleinere Platten, oft „Ländchen" genannt, getrennt.

Während die Landesherrschaft Brandenburgs in ihrer Geschichte niemals feste geographische Grenzen hatte, wird das heutige Gebiet des Landes durch zwei große Ströme umschlossen. Im Osten bildet seit 1945 die Oder, zusammen mit der südlich von Fürstenberg in sie mündenden Neiße, auf einer Länge von 160 Kilometern die Grenze zu Polen. Im Westen wird Brandenburg durch einen kleinen Teil der Elbe begrenzt.

Das Zentrum des Landes entwässert sich im Warschau-Berliner Urstromtal in die aus der Lausitz kommende Spree; sie mündet wiederum bei Berlin-Spandau in die Havel, die schließlich bei Havelberg in die Elbe fließt.

Neben einer größeren Zahl kleinerer Flüsse wie Rhin, Dosse oder Schwarze Elster sind für die Landschaft die zahlreichen künstlichen Wasserwege kennzeichnend. Insbesondere in den Urstromtälern ließen die Kurfürsten bereits seit dem 17. Jahrhundert Kanäle wie den älteren Finow-Kanal oder den Oder-Spree-Kanal, zwischen der Spree bei Fürstenwalde und der Oder bei Fürstenberg, anlegen. Sie hatten für die wirtschaftliche Entwicklung Brandenburgs ausschlaggebende Bedeutung. Im 18. und 19. Jahrhundert wurde ein dichtes Netz von Wasserstraßen ausgebaut, wie es nur wenige mitteleuropäische Landschaften aufweisen.

Im Süden erreicht das Land seine höchsten natürlichen Erhebungen im Bereich des Flämings (Hagelberg bei Belzig, 201 m hoch) sowie im Lausitzer Landrücken. Im Norden erheben sich im Bereich des Baltischen Landrückens die höchsten Formationen auf 150 Meter, während das tiefer gelegene und durch die Urstromtäler geprägte mittlere Brandenburg mit 60 Metern seine höchsten Erhebungen auf den Platten des Barnim hat.

Harald Engler

Literatur: W. D. Gewande u. A. Krenzlin: Höhenschichten – Gewässer, Berlin 1963 (= Historischer Handatlas, Lfg. 7); K. Eckart u. a. (Hg.): Räumliche Bedingungen und Wirkungen des sozialökonomischen Umbruchs in Berlin-Brandenburg, Berlin 1993; R. Baudisch: Geographische Grundlagen und historisch-politische Gliederung Brandenburgs. In: I. Materna u. W. Ribbe (Hg.): Brandenburgische Geschichte, Berlin 1995, S. 15–44; P. Ergenzinger: Geomorphologie, 1969 (= Historischer Handatlas, Lfg. 28).

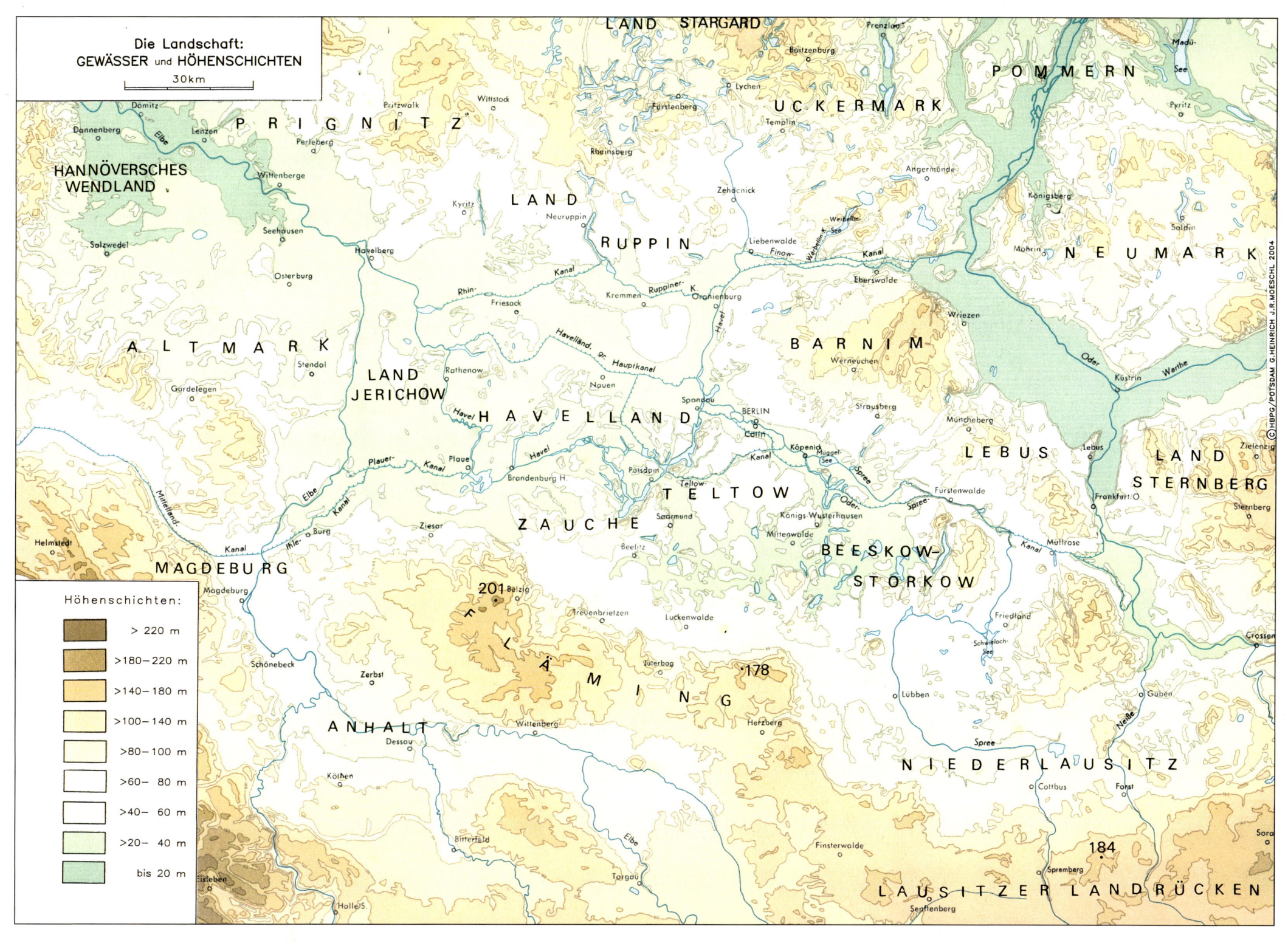

Slawen in Brandenburg.

Während des 7. Jahrhunderts wanderten erste slawische Stammesgruppen aus dem Osten, Schlesien und Böhmen, der Oder und der Elbe folgend, in den brandenburgischen Raum ein. Das Gebiet des Stammesverbandes der Wilzen, später Liutizen genannt, wurde im Süden von den Sorben und im Norden von den Abodriten begrenzt. Es fehlen jedoch unmittelbare schriftliche Zeugnisse der slawischen Landnahme. Wenige Gruppen der Slawen haben zusammen mit Ostsachsen und anderen Eingewanderten in sog. Dienstsiedlungen, den Kietzen, und am Rande des askanischen Markengebietes, aber auch in den Sorbensiedlungen der Niederlausitz oder nördlich von Salzwedel im Wendland, bis in die Neuzeit hinein ein Sonderleben führen können. Mitunter dauert diese Sonderexistenz, so im Süden, bis zur Gegenwart an.

Der Hauptstamm der Wilzen-Liutizen mit seinen Teilstämmen („Bund"), die auf der Karte verzeichnet sind, verfügte wohl über keine monarchische oder oligarchische Herrschaftsspitze für das Gesamtgebiet. Die Kleinstämme (u. a. Heveller, Sprewanen und Zamzizi) lebten unter der Führung alteingesessener edler Geschlechter. Mittelpunkte waren größere Holz-Erde-Burgen, z.B. Brandenburg an der Havel, Spandau, Köpenick oder Altfriesack, denen Herrschaftsbereiche zugeordnet waren. Zwischen 600 und 1200 bildeten sich Grenzen in Anlehnung an Wasserläufe. Die havelländische Herrschaft des Fürst-Königs Pribislaw (Taufname: Heinrich) während der ersten Hälfte des 12. Jahrhunderts, mit dem Mittelpunkt auf der Burg-Insel Brandenburg, bietet ein Beispiel für späte Verfassungselemente der Elbslawen.

Stadtähnliche, große Siedlungen wie in Polen oder Böhmen scheint es nicht gegeben zu haben. Nahe den Kleinsiedlungen hat oft die deutsche Siedlung Fuß gefasst. Entweder blieben die Slawen am Dorfende wohnen oder die Deutschen bauten sich seit etwa 1160 in der Nähe des alten Ortes ein Anger- oder Straßendorf mit Kirche, Schulzenhof und Krug. Die Slawen scheinen als Ortformen kleine Gassen, Sackgassen und Rundlinge, bevorzugt zu haben. Ihr Handel und Gewerbe entwickelte sich, wie Abfallgruben beweisen, wegen der Nähe zum Ostfränkisch-Deutschen Reich und zum Fernhandelsweg von Magdeburg über Spandau nach Gnesen vielfältig. Bezeugt ist der Anbau von Hirse und Hafer, daneben Viehzucht und die Nutzung der Gewässer und Wälder. In den größeren Burgsiedlungen gab es Handwerker-Betriebe. Neben den Keramikern und den für die Waffen und Angelgeräte zuständigen Schmieden sind Kammmacher und Textilarbeiter nachgewiesen. Brettsteine, mediterrane Glasperlen und kleine Spielzeugpferde aus Keramik verweisen auf weit gespannte Handelsbeziehungen.

Aus dem slawischen Halbjahrtausend sind viele Orts- und Landschaftsnamen erhalten geblieben. Städte wie Lebus an der Oder, Pritzwalk, Prenzlau in der Uckermark oder Zossen und Teupitz im Süden von Berlin belegen das ebenso wie etwa die häufig vorkommenden Dorfnamen Glienicke (Lehmsiedlung), Bückwitz (Kahlbutz) oder Vehlefanz. Neben Ortsnamen zeigen Fluss- und Flurnamen, wie stark die Slawenzeit das Land der Urstromtäler und Eiszeitseen geprägt hat.

Die Westslawen zwischen Elbe und Oder kamen zwischen dem 9. und 12. Jahrhundert in vielfache Berührung mit der Markenpolitik des Ostfränkischen und Deutschen Reiches. In den Grenzgebieten der Altmark oder im Umfeld von Magdeburg griffen die slawischen Siedlungen westwärts über die Elbe hinaus. Im Markengebiet bestand eine Mischzone, die man nicht nur als Konfliktzone begreifen darf. Im 12. Jahrhundert jedoch erlahmte nach Bündnissen und Kriegen die Widerstandskraft der slawischen Stämme gegenüber der christlichen Religion und dem markgräflichen Herrschaftsanspruch. Als sich die Magdeburger Kirchenorganisation mit den Bistümern Brandenburg und Havelberg nach dem Wendenkreuzzug von 1147 als Teil der deutschen Ostbewegung mit Herrschaft und Siedlung ausbreitete und die Taufe von wendischen Edlen mehrheitlich nicht mehr abgelehnt wurde, erlosch der altslawische Götzenkult, so auch bei dem Heiligtum des Triglaff auf dem späteren Brandenburger Marienberg. Das geschah endgültig 1157, als Albrecht der Bär sein Banner auf der Burginsel aufpflanzen konnte und dort der Dombau und um 1190 auch im Berliner Raum die deutschrechtliche Siedlung begannen.

Gerd Heinrich

Literatur und Quellen: O. F. Gandert: Mittel- und spätslawische Zeit, Berlin 1975 (= Historischer Handatlas, Lfg. 37; vgl. Lfg. 56, H. Fritze u. W. Schich); H. Brachmann: Slawische Stämme an Elbe und Saale, Berlin 1978; A. v. Müller u. K. v. Müller-Muci: Archäologisch-historische Forschungen in Spandau, Bde. 1–3, Berlin 1989; G. Mangelsdorf: Die Ortswüstungen des Havellandes, 1994; G. Heinrich (Hg.): Berlin und Brandenburg, 1995, S. XXI ff., S. 96–100 (Spandau: A. v. Müller), S. 233 (O. F. Gandert), S. 377 (Tornow: O. F. Gandert).– LV S. 200–219, 261–265, 599–614, 847, 853; W. H. Fritze u. W. Schich: Gründungsstadt Berlin, Potsdam 2000 (Lit.); K. Grebe: Die Brandenburg vor 1000 Jahren, Potsdam 1991; A v. Müller: Unter dem Pflaster Berlins. 10.000 Jahre..., Berlin 1995; Bodendenkmalpflege in Brandenburg. H. l ff., Potsdam 1992 ff. (=Schriftenreihe). L. Partenheimer: Albrecht der Bär, 2001. U. Waack: Die frühen Herrschaftsverhältnisse im Berliner Raum. In: JBLG 56 (2005), S. 7–38.

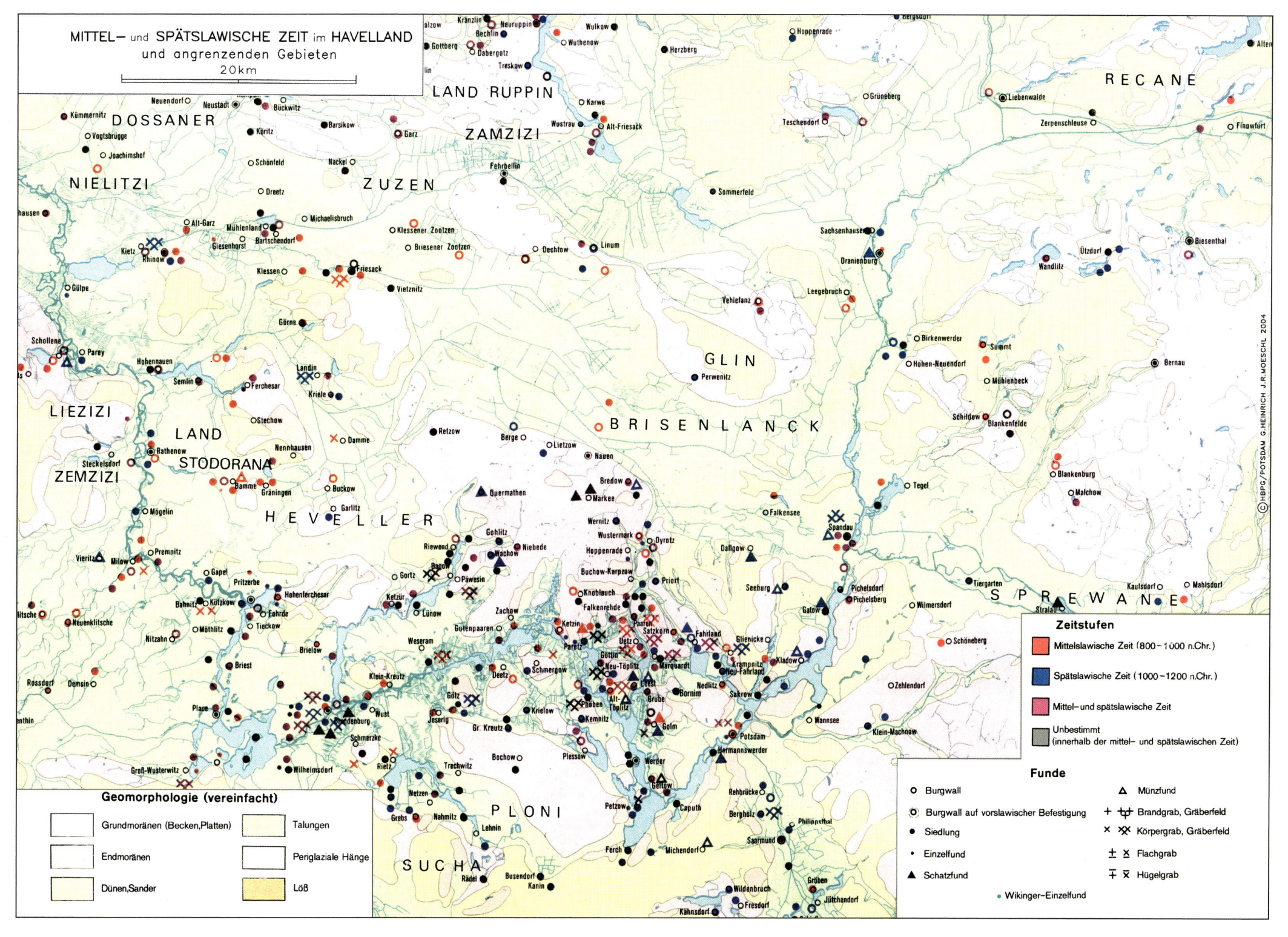

Brandenburg im Spätmittelalter. Landesteile und historische Stätten.

Die Karte zeigt die Mark Brandenburg im 14. und frühen 15. Jahrhundert. Diese Zeit deckt sich politisch mit dem Herrschaftsende der askanischen Markgrafen (1319/20) und dem Beginn der Hohenzollernzeit (seit 1415). Die Herrschaft der Hohenzollern erstreckte sich zunächst über eine erheblich kleinere Mark Brandenburg, bevor nach und nach große Teile des vormaligen Territorialbestandes zurück gewonnen werden konnten. Der Verlauf der Ausdehnung ist kompliziert und nur unter Beachtung des Wechselspiels zwischen landesherrschaftlichen Machtansprüchen, lehnrechtlichen Bindungen und politischen Koalitionen zu verstehen.

Nach dem Tod des Markgrafen Woldemar (10. August 1319) geriet die Landesherrschaft in eine schwere Krise. Die Nachbarn nutzten das Machtvakuum und fielen über die Mark her. Der Konflikt um das Erbe der Askanier endete, nachdem sich das Kaiserhaus der bayerischen Wittelsbacher in Gestalt des Markgrafen Ludwig d. Ä., dem Sohn Kaiser Ludwigs des Bayern, in Brandenburg seit 1324/34 durchsetzen konnte. Brandenburg verlor die meisten seiner Randgebiete und Außenpositionen. Als sich Kaiser Karl IV. um 1373 nach langen Kämpfen und Intrigen mit den auch wirtschaftlich gescheiterten wittelsbachischen Markgrafen (1323-1373) am Ziel seiner auf den Norden des Reiches gerichteten Politik sah, fand er eine Landesherrschaft vor, die in ihrem Bestand vielerorts angefochten und geschmälert war. Er belehnte, trotz der dadurch entstehenden doppelten Kurfürstenwürde in seinem Hause, seine Söhne mit den Marken, übernahm jedoch selbst bis 1378 vormundschaftlich die Herrschaft.

In der Prignitz und in Teilen der Uckermark behaupteten sich unterdessen die Herzöge von Mecklenburg und die Fürsten von Werle; die östliche und nördliche Uckermark befand sich noch im Besitz der pommerschen Herzöge. Große Lücken im flächenstaatlichen Gefüge ergaben sich auch durch das Land („Tafelgut") der Bischöfe von Brandenburg, Havelberg und Lebus nebst ihren Domstiftskapiteln. Auf der anderen Seite der Oder („Mark über der Oder"), in der Neumark, blieb die Grenze zu Pommern und zu Polen bestehen. Im Südosten waren zwar die Gebiete um Züllichau, Schwiebus und Crossen von den Herzögen von Niederschlesien-Glogau übernommen worden, aber die Lausitzer sahen sich durch die Personalunion mit Böhmen wieder mit Brandenburg verbunden. Im Südwesten der Mark waren seit 1319 nach und nach Außenpositionen bei Torgau und in der Nähe von Halle verloren gegangen. Lediglich die Herrschaft Erxleben im Süden der Altmark blieb bis 1815 bei Brandenburg. Den Herzögen von Braunschweig gelang es vor wie nach 1375 nicht, das große und teilweise fruchtbare Gebiet der Altmark an sich zu bringen. Die lehnsherrschaftlichen Rechte über Wernigerode am Harz bestanden fort. So blieb die Mark unter Kaiser Karl IV. unverändert ein gefährdetes Territorium, zu dessen Festigung er entgegen der Legende auf Dauer wenig beitragen konnte.

In der „Quitzow-Zeit" (1390-1412) regierten Statthalter die Mark. Die Neumark verkauften die Nachkommen des Kaisers 1402 an den Deutschen Orden. Als 1412/13 der erste Hohenzoller, Burggraf Friedrich I. von Nürnberg, Brandenburg als vererbbaren Pfandbesitz und bald darauf als Lehen des Kaisers erhielt, verlagerte sich der Schwerpunkt der territorialpolitischen Entwicklungen erneut auf Brandenburg. Die Kurfürsten drängten mecklenburgische und pommersche Ansprüche zurück. Bis 1478 kam das uckermärkische Verlustgebiet wieder an die Mark. Im Süden gelang es, das Gebiet um Cottbus unter fortdauernder böhmischer Lehnsherrschaft zu kaufen. Schon 1455 löste man die Neumark wieder aus der Bindung an den Deutschordensstaat.

Gegen Ende des 15. Jahrhunderts kamen dann die niederschlesischen Städte und Landschaften Crossen, Züllichau, Sommerfeld und Bobersberg unter die Hohenzollern („Fürstentum Crossen"). Auch Zossen (1490) und Beeskow-Storkow (1508/1558) wurden Teile der Mark. 1524 erzielte Kurfürst Joachim I. einen großen Erfolg, als er die Herrschaft Ruppin nach dem Aussterben der dortigen Grafen, nicht eben reichsrechtlich korrekt, als erledigtes Lehen einzog. Im 16. Jahrhundert schließlich umfasste Brandenburg mit seinen Rechten das Erzstift/Herzogtum Magdeburg von mehreren Seiten, stellte dort Bischöfe. Dies bereitete den magdeburgischen Elberaum mit seinem erheblichen wirtschaftlichen Ertrag für den Anfall an die Mark vor (1648/1680).

Seit Joachim II. und Markgraf Johann von Küstrin (1535-1571) war Brandenburg nicht nur an vielen Stellen erweitert worden, es verfügte darüber hinaus über zahlreiche Erbverbrüderungen und Anwartschaften (Pommern, Schlesien-Liegnitz, Magdeburg und Herzogtum Preußen). Bereits damals sind wesentliche Voraussetzungen für den Aufstieg Brandenburgs zur europäischen Macht geschaffen worden.

Gerd Heinrich

Quellen und Literatur: H. Krabbo u. G. Winter: Regesten der Markgrafen von Brandenburg aus askanischem Hause, Berlin-Dahlem 1910-1955; G. Heinrich: Die Mark Brandenburg 1257-1319; 1319-1575, 1977 (Historischer Handatlas, Lfg. 54, 36); J. Schultze: Die Mark Brandenburg, Bde. 1 u. 2., 1960/61; Materna u. W. Ribbe (Hg.): Brandenburgische Geschichte, 1995, S. 132-268 (H. Assing, H. Böcker, F. Escher); B. Lassive: Drei brandenburgische Adlige im Norden. In: JBLG 56 (2005), S. 57-88.

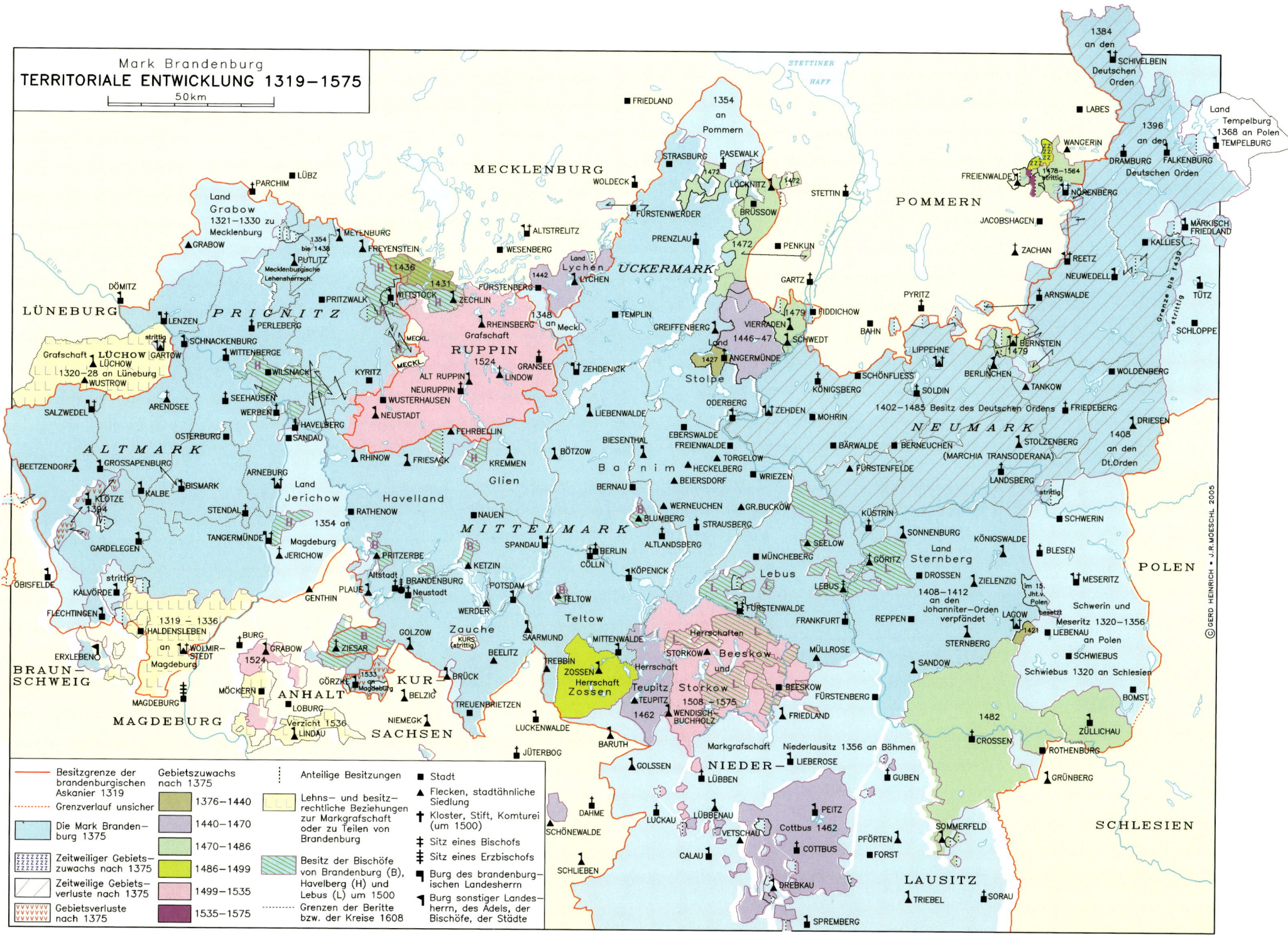

Besitzstandsverhältnisse des Havellandes im 14. Jahrhundert.

Das Havelland, ältester Kernraum Brandenburgs, wurde seit 1157/1160 von der Dom- und Burginsel Brandenburg aus innerhalb weniger Jahrzehnte besiedelt. Zum Havelland zählte man auch die „Ländchen" (Terrae) Nöttewinkel, Rhinow, Friesack Bellin (Fehrbellin) und die Lehminsel Glien, obwohl diese durch das fast undurchdringliche Havelländische Luch von den südlichen Besitzungen der Kirche (u. a. Domstift Brandenburg, Kloster Lehnin) getrennt waren. Im Landbuch Kaiser Karls IV. von 1375, das Auskunft über die örtlichen Besitzverhältnisse gibt, werden Havelland und Heide (um Spandau) zusammengefasst.

Auf dem Kartenausschnitt überwiegen graue Flächen, die Besitz und Rechte der Ritterschaften bezeichnen. Zu den ältesten, teilweise noch heute bestehenden Familien zählen u. a. die Plotho (Wachow 1179), Bredow, Döberitz, von dem Knesebeck, Retzow, Ribbeck, Stechow, Redern, Schlabrendorff, Zieten, von der Hagen, Knoblauch oder Katte („Katte-Winkel" an der Westseite der Havel). Die meisten anderen Familien sind 1750 ausgestorben oder fortgezogen. Als Landbesitzer haben sich hingegen nur wenige Familien bis in das 20. Jahrhundert behauptet, so die Bredow, die Zieten, Redern und Ribbeck. Die Mehrzahl dieser Familien hat wahrscheinlich im späten 12. und im 13. Jahrhundert als Dorfgründer im Dienste der Markgrafen und der Bischöfe auf der Dominsel gewirkt.

Violett gekennzeichnet ist der umfangreiche Besitz des Brandenburger Domkapitels, das seine Ländereien auch nach der Reformation behaupten konnte, in zwei Fällen sogar bis in die Gegenwart. Das Tafelgut der Bischöfe lag überwiegend außerhalb des Havellandes (u. a. Zauche, Löwenberg, Ziesar). Die Klöster Lehnin und Spandau wurden schon während des späten 12. und 13. Jahrhunderts mit Liegenschaften und Abgaben beschenkt.

Der Landesherr verfügte um 1375 nur noch über geringe Einkünfte. Der meiste Besitz war seit 1300 verkauft oder auf Dauer verpfändet worden. Im Besitz des Markgrafen blieben die Burgen Spandau (1197) und Bötzow (= Oranienburg). Daneben bestanden Ansprüche auf Abgaben aus Dörfern und Städten, die der Versorgung des Hofes und der Burgen dienten.

Gelb eingefärbt ist der Grundbesitz der Städte. Größte Besitzer sind die Alt- und die Neustadt Brandenburg (Zauche) mit zahlreichen Dörfern im Süden und die damals wohlhabende Stadt Rathenow mit einem großen Waldgebiet, aber wenigen Dörfern. Nauen an der fruchtbaren „Nauener Platte" verfügte lediglich über Luch-Anteile, während Spandau vor allem im Teltow und im Barnim Land besaß. Die Grafen von Lindau-Ruppin hatten von Norden her das gesamte Ländchen Rhinow im Nordwesten und mehrere Dörfer im Glien und im Barnim als Pfandbesitz an sich gebracht, mussten jedoch bald wieder darauf verzichten.

Auffällig ist der weit reichende Lehnsbesitz wohlhabender Bürger (hellgrün). Viele Bürger legten ihr Geld in ländlichen Renten an, wie das Beispiel des kleinen Dorfes Uetz bei Paretz zeigt. Um 1313 gab es dort eine Kirche und eine Pfarrstelle. 1375 gehörten von insgesamt 35 (Steuer-) Hufen zwei dem Pfarrer und 15 zum einzigen Ritterhof. 18 Hufen befanden sich im Besitz von Bauern, die die üblichen Abgaben an die Grundherrn und die Kirche leisteten. Den Ritterhof hatte der reiche Bürger Thomas aus Brandenburg dem Herrn von Bardeleben abgekauft. Dieser leistete weiterhin dem Markgrafen Vasallendienste (Heerfahrt). Thomas verfügte auch über das obere Gericht und nahm gegenüber der Kirche das Patronatsrecht wahr. Außer den Bauern wohnten in dem Dorf neun Kossäten, die sich von Hofstellen mit einem kleinen Stück Land und vom Fischfang aus der Wublitz (= Havel) ernährten. Sie zahlten geringe Abgaben und wurden noch 1391 wegen ihrer Herkunft und besonderen Lebensweise als „Wenden" bezeichnet. Die Zahl der Einwohner in der altslawischen Siedlung dürfte Anfang des 14. Jahrhunderts zwischen 90 und 100 betragen haben.

Wie die Karte zeigt, war das Havelland um 1375 eine wirtschaftlich und sozial sehr vielschichtige Landschaft, die von der europäischen Wirtschaftskrise des Spätmittelalters nur in ihren schwächeren Regionen stärker in Mitleidenschaft gezogen wurde, weil die natürliche Ausstattung, das Bistum und der Fernhandel stabilisierend wirkten.

Gerd Heinrich

Lit.: G. Heinrich u. a.: Brandenburgische Besitzstandskarte des 14. Jhdts. Maßstab 1.300.000. Erläuterungsheft. Berlin u. Potsdam 2002 (= Historischer Atlas von Brandenburg, NF, fg. 3). – J. Schultze (Hg.): Das Landbuch der Mark Brandenburg. In: Bll. F. dt. Landesgeschichte 114 (1978), S. 407-432. – E. Engel u. B. Zientara: Feudalstruktur, Lehnbürgertum und Fernhandel im spätmittelalterlichen Brandenburg. Weimar 1967. – Havelland: L. Enders: Historisches Ortsleixon für Brandenburg, T. 3: Havelland, Weimar 1972. – W. Ribbe (Hg.): Das Havelland im Mittelalter. Berlin 1987; W. Schmidt (Hg.): Havelland um Werder, Lehnin u. Ketzin..., Leipzig 1992 (= Werte der dt. Heimat, 53). Fr. Beck: Potsdams älteste erhaltende Urkunde und die Ersterwähnung von Bornstedt. In: JBLG 55 (2004), S. 41-50.

BESITZSTANDSVERHÄLTNISSE des HAVELLANDES im 14. JAHRHUNDERT
Der ritterschaftliche, geistliche, städtische, markgräfliche und sonstige Besitz um 1375

Besitzer:
- Ritterschaft
- Kirche, Kloster, geistliche Korporationen
- Stadt
- Bürger und sonstige
- Markgraf
- auswärtige Dynasten
- anteiliger Besitz (schematisch)
- ← Mehrfachnutzung

Aus dem Landbuch 1375

In Uetz (Ust) gibt es 34½ Hufen, von denen der Pfarrer zwei besitzt. Thomas, ein Bürger in Brandenburg, hat 15 Hufen, die zu seinem Hof gehören; er hat sie vor fünf Jahren von den von Bardensleben gekauft, die die Vasallendienste zu leisten übernommen haben. (Die Bauern entrichten Pacht, Zins und Bede.) Die 9 Kossäten geben Hühner und Hühnergeld. Der Krug gibt zehn Schillinge und einen Schilling für den Pflugacker. Die Mühle gibt dem Thomas 18 Scheffel Roggen..., von den Fischwehren (in der Wublitz) werden drei Talente gezahlt. Das oberste Gericht und das Patronatsrecht besitzt der genannte Thomas als Lehen des Markgrafen.

Besitzer:

Am	v. Arnim
ASB	Altstadt Brandenburg
B	v. Bardeleben
Bam	Bamme (B)
Bart	Bart (B)
BB	Bischof von Brandenburg
Bec	Becker (B)
Benf	Benefelder (B)
BH	Bischof von Havelberg
Bil	Billing (B)
Boc	Bocstrow (B)
Bon	v. d. Bone
Bred	v. Bredow
Brö	v. Brösigke
Brt	Brant (B)
Bt	v. Britzke
Cl	Cleptow (B)
Dal	v. Dalchow
DB	Domstift Brandenburg
Die	v. Deibow
Div	Dives (B)
Dö	v. Döberitz
Ei	v. Eichendorf
Erx	v. Erxleben
Et	v. Etzen
Fkh	v. Falkenhagen
Fr	v. Falkenrehde
GLin	Grafen von Lindau–Ruppin
Grb	v. d. Groeben
Gri	v. Grieben
Güt	Gütergotz (B)
Hac	v. Hacke
Hag	v. d. Hagen
Hak	v. Hakenberg
Hen	Hennecke (B)
HGSp	Hospital zum Heiligen Geist in Spandau
Huv	Huvener (B)
Kal	Kaldenborn (B)
Karp	v. Karpzow
Kb	v. Kalenberg
KiHi	Kloster Himmelpfort
KlLe	Kloster Lehnin
KlSp	Kloster Spandau
Klt	Klot (B)
Kn	v. Knoblauch
Kot	Kothe (B)
Kr	v. Kröcher
KRa	Pfarrkirche Rathenow
Lin	v. Lindow
Lip	Lippold (B)
Lw	v. Lochow
Mar	Markow (B)
MKBe	Marienkirche Berlin
NSB	Neustadt Brandenburg
Paa	v. Paaren
Pr	v. Priort
Rbo	Ronnebom (B)
Re	v. Redern
Rh	v. Rochow
Ri	v. Ribbeck
Rw	v. Retzow
Schnf	Schönefeld (B)
SchuBr	Schulte in Brandenburg (B)
Sche	Scheren (B)
Schk	Schenk (von Lützendorf)
Schm	Schmetzdorf (B)
Seef	v. Seefeld
Sf	v. Schlabrendorf
Syl	v. Sperrenwalde
Sp	v. Sperrenwalde
Spi	v. Spiel
Stof	Stoffes (B)
Stw	v. Stechow
Sw	v. Sandow
Syl	Syle (B)
Tho	Thomas (B)
Tr	Trebus (B)
Tre	Trebbow (B)
Weg	Weger (B)
Wel	Welle (B)
Wf	v. Wilmersdorf
Wnm	v. Wenemer (B)
Z	v. Ziethen
ZaS	Zabel v. Schorin

(B) = bürgerlich

⊙	Dorf
W.F.	wüste Feldmark um 1375
△	Flecken
■	Stadt
✟	Bischofssitz

© G. Heinrich J.R. Moeschl 2006

Die Reformation. 1539–1572.

Martin Luther (1483-1546) begann 1517 innerhalb der Kirchenprovinz Magdeburg und zugleich im Bistum Brandenburg, zu dem die Residenz Wittenberg gehörte, seine grundsätzliche Kritik an der Kirche und an dem Verkauf der Ablassbriefe, mit denen den Menschen Vergebung der Sünden versprochen wurde. Sie fand von Jahr zu Jahr stärkeren Widerhall im Reich unter Kaiser Karl V. Göttliche Gnade, so Luther, könne nur durch den Glauben und mit Hilfe des reinen Evangeliums der Heiligen Schrift erlangt werden. Kurfürst Joachim I. (1499-1535) vermochte nicht zu verhindern, dass sich seit 1521 trotz seiner Verbote über einzelne Pfarrer, Lehrer und Bürger der größeren Städte die Schriften der „Wittenbergischen Nachtigal" oder des „deutschen Herkules" verbreiteten. Viele Schuldner hofften, bei einem Zusammenbruch der von Rom gelenkten Kirche mit Domstiften, Klöstern und Kalandern ihrer Verpflichtungen ledig zu werden. Man wusste aus Kursachsen, dass die Einziehung geistlicher Güter für die oberen Stände und den Landesfürsten Gewinn bringen konnte.

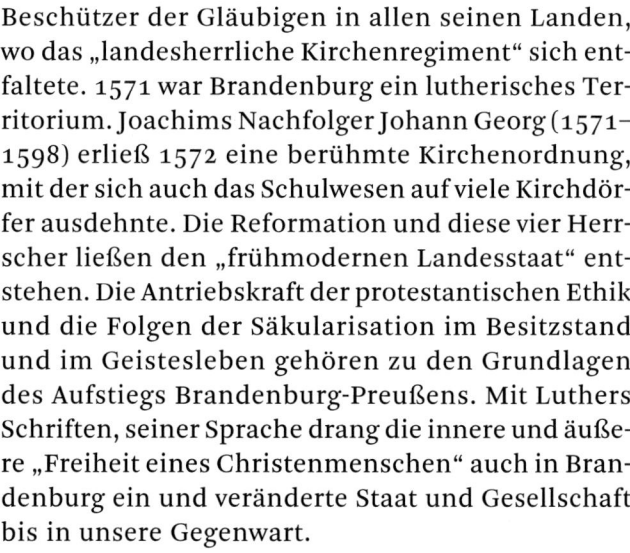

Martin Luther (1483-1546)

Der Beginn der märkischen Reformation ist unlösbar mit Kurfürst Joachim II. und seinem Bruder Markgraf Hans von Küstrin (beide: 1535-1571) verbunden. Joachim regierte als ein besonnener Politiker, obwohl er am Ende der Regierung, wie viele Fürsten, eine hohe Schuldenlast aufgehäuft hatte. Aber damit ist der Ausbau Brandenburgs ebenso finanziert worden wie die Politik im Reich, mit der u. a. Voraussetzungen für Erbanwartschaften erarbeitet wurden. Deshalb war der Kurfürst auf das Wohlwollen des an der Papstkirche festhaltenden Kaisers angewiesen. Dennoch gestattete er am 1. 11. 1539 für die Kurmark Abendmahlsfeiern nach lutherischem Ritus. Er selbst ließ sich in Spandau das Abendmahl in beiderlei Gestalt reichen. Wenig später nahm der Landtag, gegen den Widerstand der meisten geistlichen Herren, die von Joachim „mit eigener Faust" geschaffene neue evangelische Kirchenordnung zur Kenntnis. In den Landesteilen, beginnend mit der Neumark, setzten sorgfältige Kirchenvisitationen ein. Die Klöster verfielen oder wurden zur Aufgabe genötigt. Einige wandelte man nicht ohne Konflikte, wie in Heiligengrabe, in evangelische Damenstifte um. Land und Einkünfte der Klöster und Stifte musste der Kurfürst zwar häufig an seine Kreditgläubiger als Sicherheit weiterreichen; doch vergrößerte sich am Ende der Besitz der landesherrlichen Ämter durch diesen Kirchenraub erheblich. Prinzen der kurfürstlichen Familie erhielten Einkünfte der vorerst noch weiter bestehenden Bistümer. Die Gebräuche der Alten Kirche gab man nicht schlagartig auf. Einige bestanden bis 1713 fort. Joachim verhielt sich nach außen hin neutral und öffnete erst seit dem Religionsfrieden von 1555 das Visier, indem er sich nun uneingeschränkt zur Reformation bekannte. Er war Beschützer der Gläubigen in allen seinen Landen, wo das „landesherrliche Kirchenregiment" sich entfaltete. 1571 war Brandenburg ein lutherisches Territorium. Joachims Nachfolger Johann Georg (1571-1598) erließ 1572 eine berühmte Kirchenordnung, mit der sich auch das Schulwesen auf viele Kirchdörfer ausdehnte. Die Reformation und diese vier Herrscher ließen den „frühmodernen Landesstaat" entstehen. Die Antriebskraft der protestantischen Ethik und die Folgen der Säkularisation im Besitzstand und im Geistesleben gehören zu den Grundlagen des Aufstiegs Brandenburg-Preußens. Mit Luthers Schriften, seiner Sprache drang die innere und äußere „Freiheit eines Christenmenschen" auch in Brandenburg ein und veränderte Staat und Gesellschaft bis in unsere Gegenwart.

Gerd Heinrich

Literatur: J. Schultze: Die Mark Brandenburg, Bd. 4, Berlin 1968, S. 9-134; I. Gundermann: Kirchenregiment und Verkündigung im Jahrhundert der Reformation (1517-1598). In: G. Heinrich (Hg.): 1000 Jahre Kirche, Berlin 1999, S. 147-241; M. Rudersdorf: Reformation und Kirchenverfassung. In: Marksteine, 2001, S. 104 ff.; D. Kurze u. G. Heinrich: Brandenburg I/II. In: Theol. Realenzyklopädie, Bd. 7 (1980), S. 105-111, 111-128; D. Kurze: Bistümer Brandenburg, Havelberg, Lebus. In: E. Gatz (Hg.): Die Bistümer des Heiligen Römischen Reiches von ihren Anfängen bis zur Säkularisation, Freiburg i. Br. 2003, S. 102-112; 249-257; 347-356 (mit Karten); G. Heinrich: Besitzstand u. Säkularisation 1540, 1971 (= Historischer Handatlas, Lfg. 33). Der Himmel auf Erden. 1000 Jahre Christentum in Brandenburg, Leipzig 2005 [u. a. A. Dorgerloh: Lutherverehrung]; A.-K. Ziesak (Hg.): Gott in Brandenburg, Potsdam 2005 (= HBPG, Begleitbuch). [u. a. G. Heinrich: Gott in Brandenburg]; J. Gans Edler Herr zu Putlitz u. B. v. Barsewisch (Hg.): Klosterstift Marienfließ, Berlin o. J. [2006]. [mit Beitr. v. T. Foelsch, C. Bergstedt, G. Heinrich, I. Gundermann, B. v. Barsewisch u. a.; Lit.].

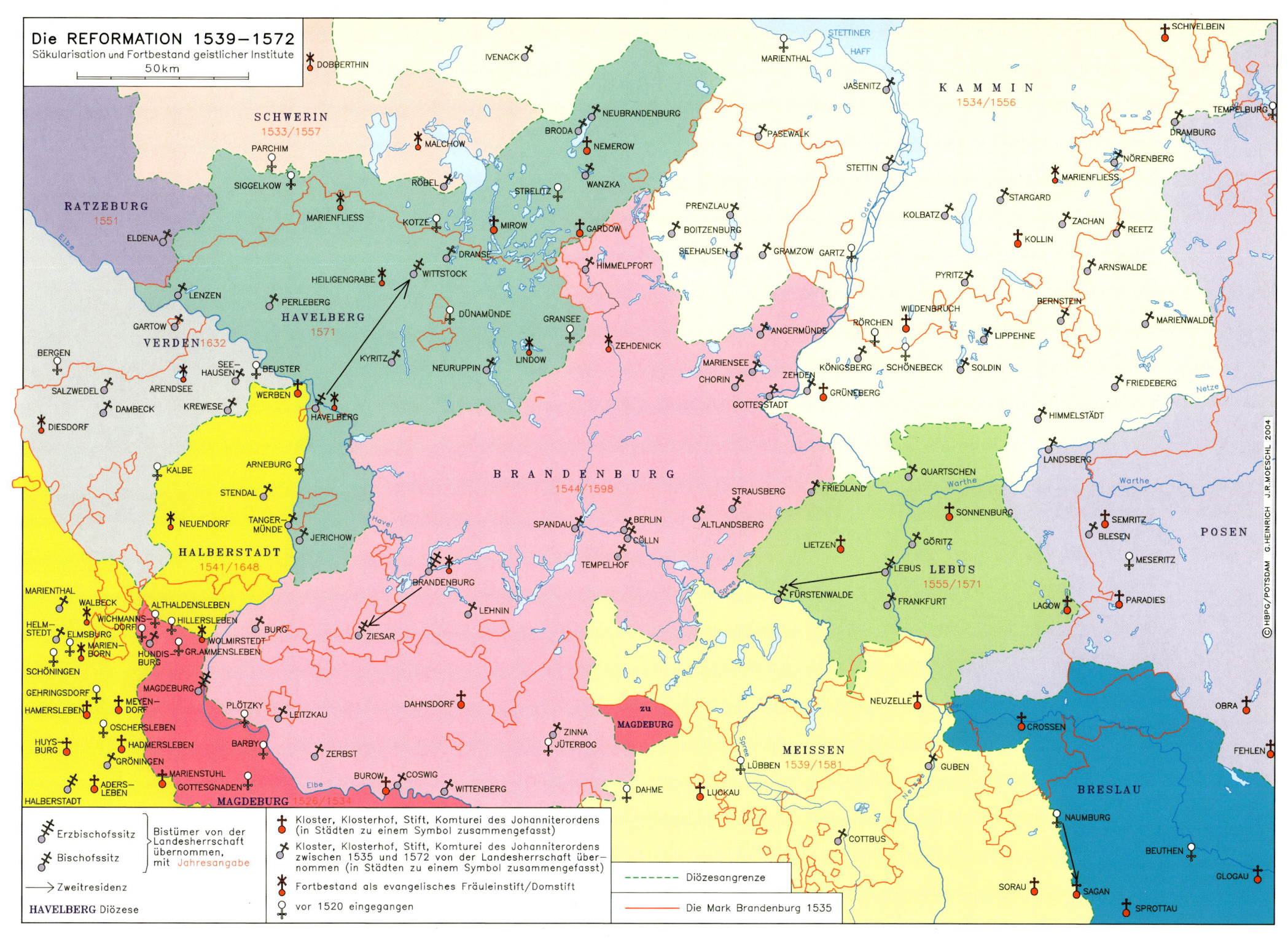

Der Dreißigjährige Krieg. Bevölkerungsverluste. Katastrophen und Schlachtorte im 17. Jahrhundert.

Der Dreißigjährige Krieg (1618–1648) begann für Brandenburg ebenso wie für weite Gebiete Europas mit verheerenden Epidemien und einer rasanten Geldentwertung („Kipper- und Wipperzeit"). Am Ende des Krieges waren Teile des Landes verwüstet und entvölkert. Kurfürst Georg Wilhelm, er regierte von 1620 bis 1640, gelang es nicht, Brandenburg aus dem Krieg herauszuhalten. Sein 3.000 Mann starkes Heer, das in den Festungen Spandau, Küstrin, Peitz zurückgehalten und vor allem zum Schutz des Hofes eingesetzt wurde, konnte nicht verhindern, dass die Kurmark jahrelang von schwedischen und kaiserlichen Truppen besetzt war, die Kriegssteuern (Kontributionen) erforderten und gewaltsam Verpflegung requirierten. Plündernde und brandschatzende Besatzungstruppen durchzogen die bedeutenderen Straßen.

Während sich der Kurfürst im weit abgelegenen Königsberg/Preußen aufhielt, ließ er Brandenburg von seinem Statthalter Graf Schwarzenberg von der Festung Spandau aus regieren. Im Frühjahr 1626 marschierten von Süden her die kaiserlichen Generale Tilly und Wallenstein in die Alt- und Mittelmark ein. Zugleich besetzten deren Truppen die Neumark. Daraufhin verbündete sich der Kurfürst mit dem katholischen Kaiser. Brandenburg sollte als Barriere gegen den protestantischen König Gustav Adolf von Schweden dienen, der seit Juni 1630 von Pommern aus die Lande seines brandenburgischen Schwagers bedrohte.

Im April 1631 rückten die Schweden gegen die Kaiserlichen in der Neumark vor. Sie erstürmten Frankfurt (Oder) und plünderten drei Tage lang die wohlhabende Handels- und Universitätsstadt. Anschließend drangen sie nach Berlin und Spandau sowie ins Havelland vor.

In dieser Lage sah sich Kurfürst Georg Wilhelm genötigt, das Bündnis zu Gunsten des Schwedenkönigs zu wechseln. Als Gustav Adolf in der Schlacht bei Lützen im Herbst 1632 fiel, verlagerte sich das Kriegsgeschehen erneut in die Mark. Wieder wechselte der Kurfürst notgedrungen die Partei und verbündete sich 1635 mit dem Kaiser. Die Leidenszeit seiner Hauptprovinz war jedoch noch nicht beendet. Zwar gelang es 1636 einem Schwedenheer bei Wittstock, das sächsisch-kaiserliche Heer aus dem Felde zu schlagen. Schon 1638 hatten jedoch die Kaiserlichen wieder die Oberhand. Sie drangsalierten vor allem im Norden Brandenburgs die dort verbliebene Bevölkerung. Besonders schwer litten bis 1640 die Prignitz, die Grafschaft Ruppin und die Uckermark. Diese Regionen verloren durch Tod oder Abwanderung rund 45 Prozent der ursprünglichen Bevölkerung. Im Havelland sank die Zahl der Stadtbewohner um etwa 38 Prozent.

Dem Landmann, der sich zu wehren verstand, war es ungeachtet konfessioneller Sympathien gleichgültig, ob ihm kaiserliche, schwedische oder brandenburgische Soldateska die letzte Sau aus dem Koben trieb.

Als am 1. Dezember 1640 Kurfürst Friedrich Wilhelm (1640–1688) die Herrschaft in Brandenburg antrat, war die Bevölkerungszahl gegenüber 1618 als Folge von Krieg, Hunger und Flucht fast um die Hälfte gesunken. So lebten in der Altstadt Brandenburgs 1645 noch knapp 600 Menschen gegenüber 2.800 im Jahr 1625. Dementsprechend war auch das Steueraufkommen zurückgegangen, nämlich auf rund 13,5 Prozent der Einnahmen von 1618.

Nach dem Waffenstillstand mit Schweden (1641) setzte allmählich eine Erholung ein, wenngleich die letzten fremden Truppen Brandenburg erst seit 1648 verließen. Die Bevölkerungszahl stieg langsam wieder. Doch trotz der Zuwanderungen der Glaubensvertriebenen und Kolonisten konnten die Verluste des Krieges in vielen Orten erst bis zum Ausgang des 18. Jahrhunderts ausgeglichen werden.

Im Frieden von Münster, der den Krieg 1648 beendete, fiel Vorpommern mit Stettin, Stralsund und Rügen an Schweden. Brandenburg erhielt fast ganz Hinterpommern von Stargard über Kolberg bis Stolp.

Im zweiten Krieg, den der französische König Ludwig XIV. von 1674 bis 1679 führte, stand Brandenburg auf der Seite seiner von Habsburg angeführten Gegner. Mit Frankreich war u. a. Schweden verbündet. Als Ende 1674 das schwedische Heer in die Neumark und die Mittelmark einfiel, verbreitete es Schrecken. Kurfürst Friedrich Wilhelm zog ihm mit einem kleinen Heer entgegen. Am 28. Juni 1675 schlug er bei Fehrbellin die Schweden trotz Unterlegenheit in die Flucht. Der unerwartete „Sieg bei Fehrbellin" wurde über Brandenburgs Grenzen hinaus in Liedern und bildnerischen Darstellungen gefeiert. Er begründete den Ruf Brandenburg-Preußens, in der Landesverteidigung und in auswärtigen Kriegen unter dem Roten Adler ungewöhnlich erfolgreich kämpfen zu können.

Gerd Heinrich

Quellen und Literatur: E. Faden: Berlin im Dreißigjährigen Krieg, Berlin 1931; F. Schröer: Das Havelland im Dreißigjährigen Krieg, Köln 1966; R. Wohlfeil: Kriegsverlauf 1626/27 und 1630/31, 1972; Ders.: Kriegsverlauf 1635–1642; Bevölkerungsverluste, 1975 f. (= Historischer Handatlas, Lfg. 39, 50); G. Gieraths: Die Kampfhandlungen der Brandenburgisch-Preußischen Armee 1626–1807, Berlin 1964; F. Bauer: Fehrbellin 1675, Berg 1998; G. Heinrich, W. Bliß: Die Prignitz im Dreißigjährigen Krieg, 1965 (= Historischer Handatlas, Lfg. 20).

S. 16–17: Berlin um 1652; S. 18 und 19: Berlin um 1688

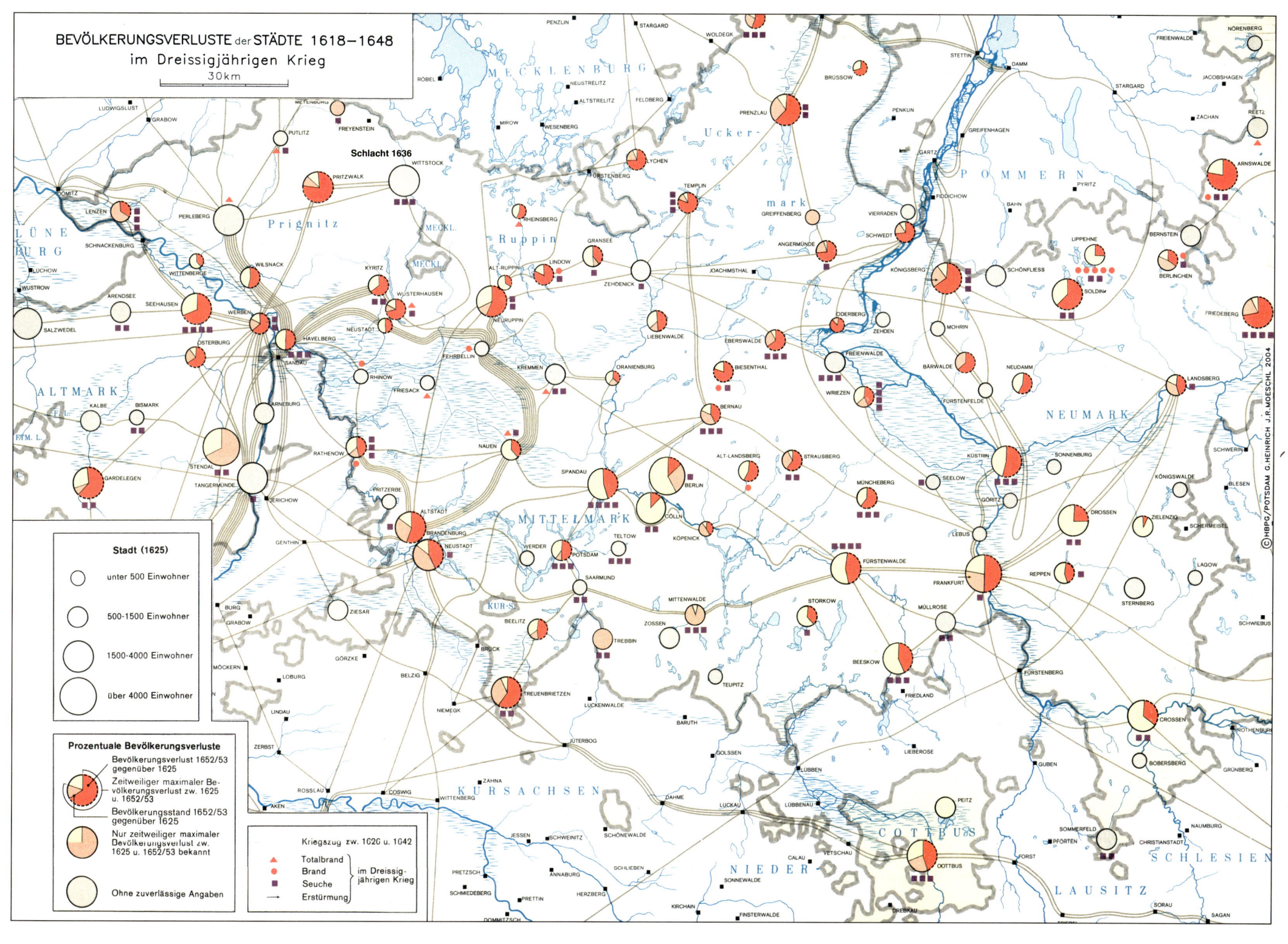

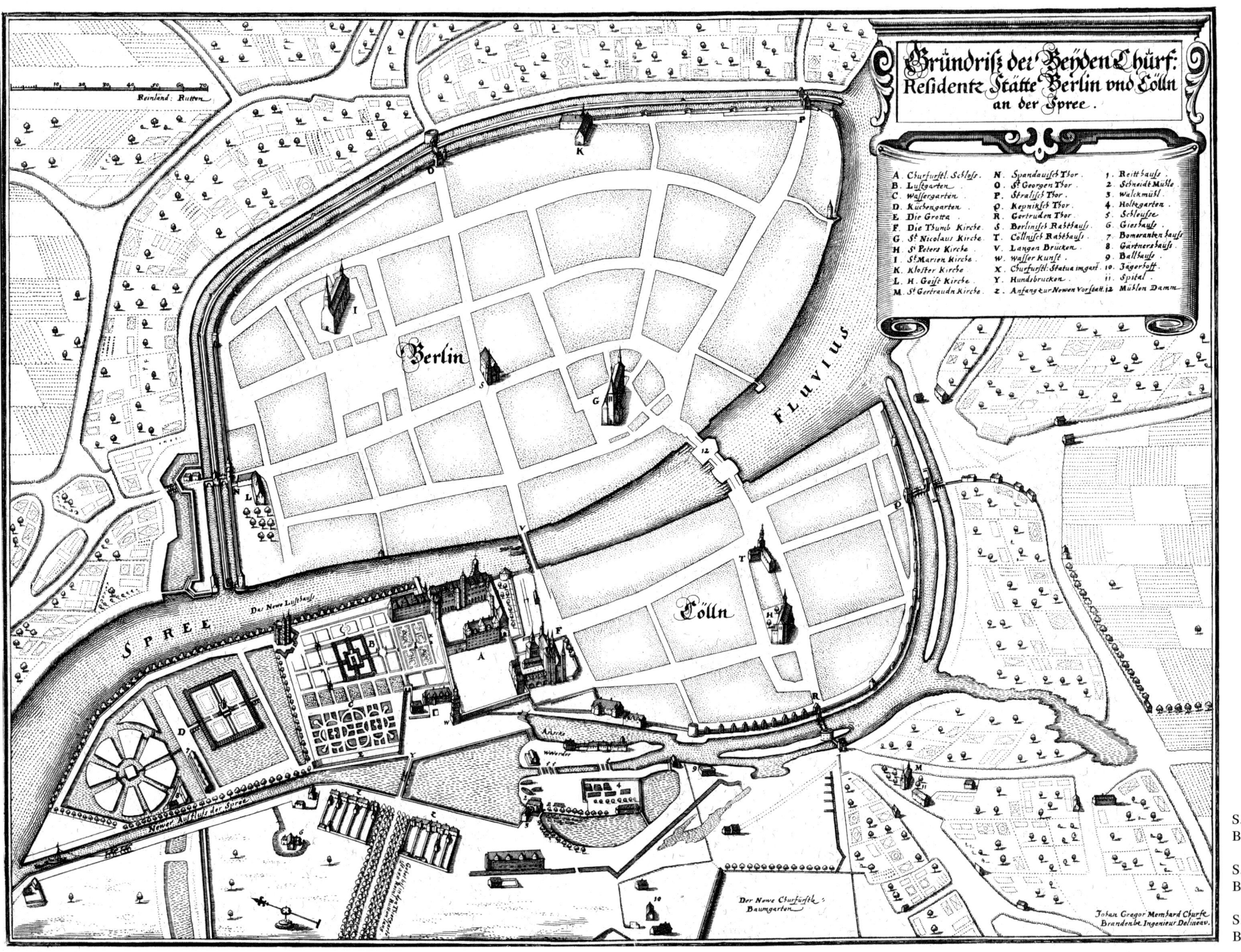

S. 19: Berlin 1652

S. 19: Berlin 1652

S. 20/21: Berlin 1688

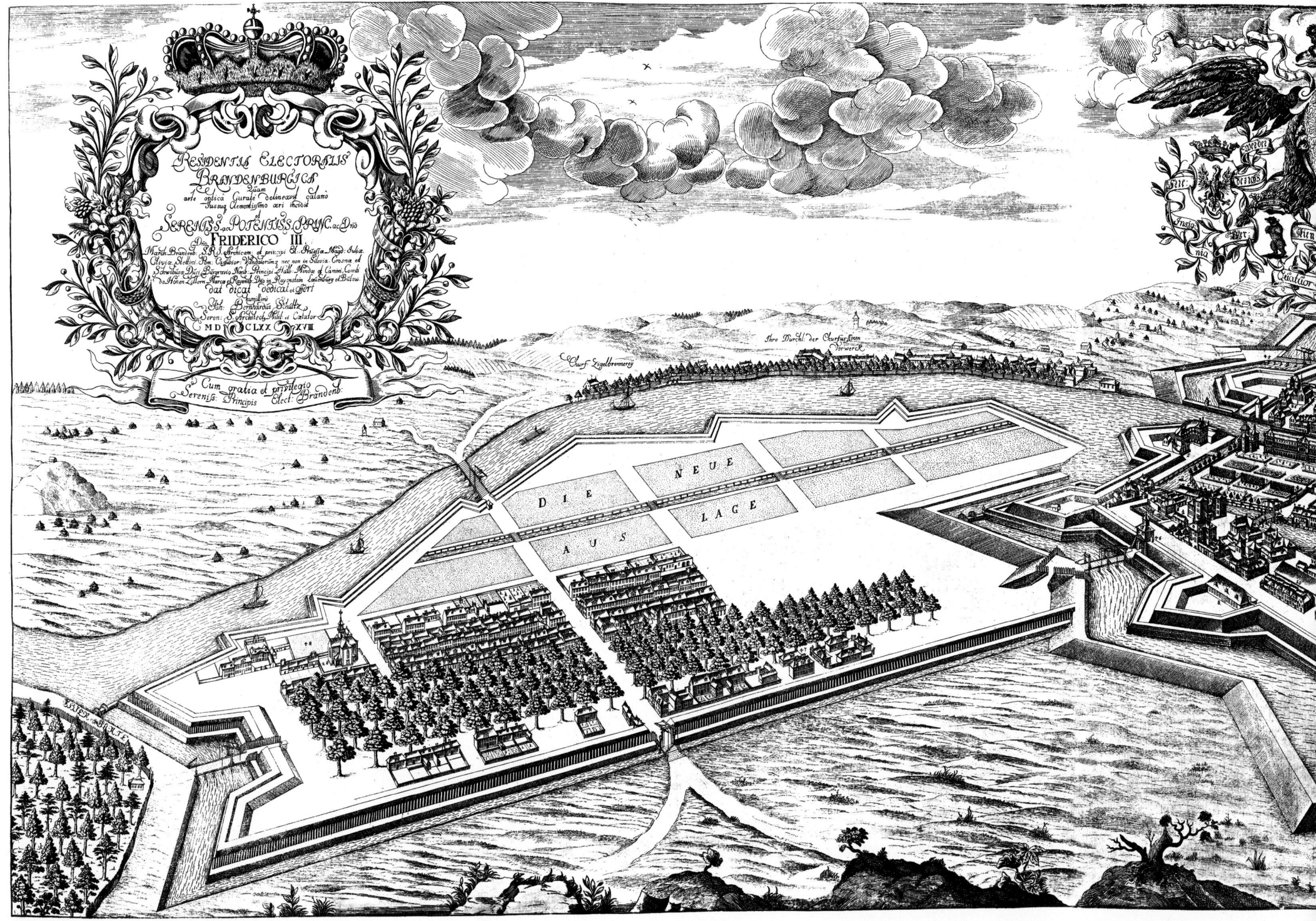

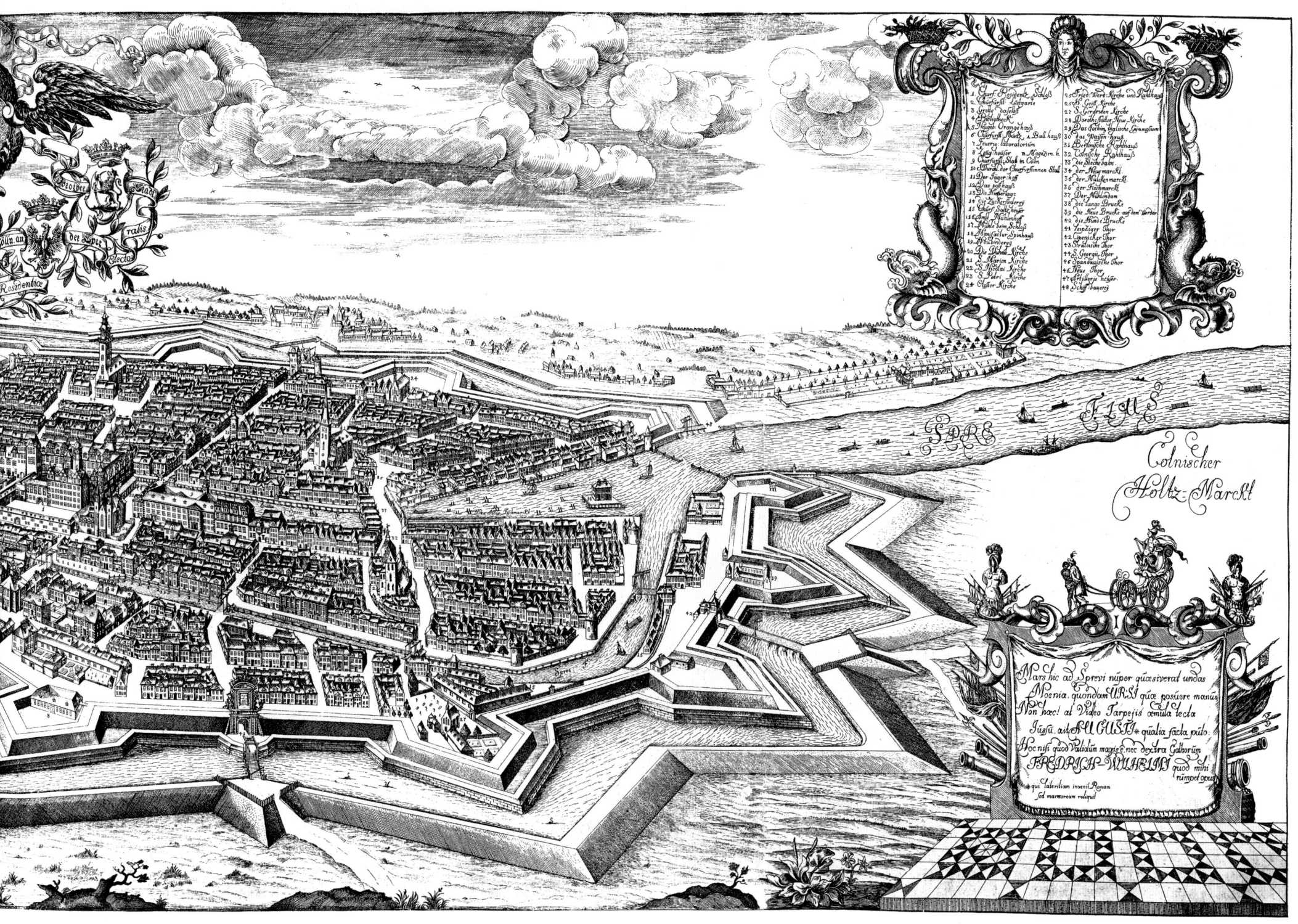

Der Aufstieg Berlins. 1640–1713.

Um die Mitte des 15. Jahrhunderts errichteten die Kurfürsten auf der cöllnischen Seite der Spree ein Schloss (1443). Wenig später unterwarfen sie die Doppelstadt Berlin-Cölln (1447/48) und erhoben sie seit 1470 zur ständigen Residenz und zum Sitz der obersten Landesbehörden und Gerichte. Im 16. Jahrhundert baute vor allem Kurfürst Joachim II. das Schloss und die Stadt weiter aus. Zu Beginn des 17. Jahrhunderts bewohnten etwa 8.000 Einwohner diesen Landesmittelpunkt. Gegen Ende des Dreißigjährigen Krieges, 1640, hatte Berlin die Hälfte seiner Menschen verloren. Die Vorstädte mussten 1638 durch Feuer eingeebnet werden. Doch um 1648 lebten in beiden Städten bereits wieder ca. 6.000 Einwohner.

Kurfürst Friedrich Wilhelm, 1620 im Cöllner Schloss geboren, hatte bald nach Abschluss des Friedens (1648) seine erste Hauptstadt aus der landesstaatlichen Abgeschiedenheit gerissen und in aller Armut mit der Modernisierung begonnen. Er schuf damit die Voraussetzungen für den Glanz der künftigen Barockresidenz des späten 17. und des 18. Jahrhunderts. Nach und nach warb man Fachleute, vor allem niederländische und deutsche Baumeister und Kunsthandwerker, für die Residenz an. Seit 1646 legten sie den Lustgarten neben dem Schloss an. 1652 erarbeitete der Baumeister und Stadtarchitekt Gregor Memhardt den ersten verlässlichen Grundriss der Residenz mit den wichtigsten öffentlichen Bauten wie dem Schloss, der Domkirche, den drei Stadtkirchen, den Toren und Wällen, den beiden Rathäusern sowie den beiden Brücken über die Spree (siehe Plan Seite 18).

Memhardt schuf wohl auch die etwa gleichzeitig entstandene und im Merian-Band veröffentlichte Ansicht der Stadt von Süden, auf der die repräsentativen Bauten hervorgehoben werden. Wenig später ließ der Kurfürst die Befestigungen in moderner Fortifikationstechnik verstärken (1658 ff.), so dass einerseits die beiden Altstädte in ihren Entfaltungsmöglichkeiten bis zur Zeit König Friedrich Wilhelms I. eingeschränkt blieben, andererseits die drei Neustädte Friedrichswerder (seit 1662) und Dorotheenstadt (seit 1668) und später die Friedrichstadt (seit 1690) im Vorfeld der Stadtfestung lagen. Unablässig wurde nun in den langen Friedensjahren gearbeitet, um Brandenburg-Preußens Mittelpunkt ausländischen Gästen würdig vorführen zu können. 1679 empfing Friedrich Wilhelm in seinem mittlerweile renovierten und erweiterten Schloss an der Spree Gesandte aus Moskau, auch vom Tataren-Khan und von den Häuptlingen der brandenburgischen Kolonie an der westafrikanischen Guinea-Küste.

Die Zahl der Bewohner mag um 1688 einschließlich der Garnison und der Vorstädte und nach dem Edikt von Potsdam (1685) rund 18.000 Menschen betragen haben. Der Perspektivplan von Johann Bernhard Schultz (1688) zeigt die idealstädtisch aufgefasste Festung, die Vorstadt beiderseits der mit Linden bepflanzten Allee nach Charlottenburg und die Siedlungsansätze im Norden und Nordwesten vor den etwas übertrieben dargestellten Höhenzügen des Barnim. Das Berlin um 1688 war bereits eine Stadt der frühen Manufakturen, des von Jahr zu Jahr zunehmenden gewerblichen Lebens, der geistigen Kräfte am Hofe, in der Landeskirche und in den schönen Künsten. Aber „Spree-Athen" blieb zugleich auch weithin, trotz Hof, Amtsträgerschaft und Ratsfamilien, eine Ackerbürgerstadt märkischen Zuschnitts, die erst in der Spätzeit Friedrich Wilhelms und des ersten Königs jene brandenburgische Exaktheit im öffentlichen Leben gewann, die von Besuchern im 18. Jahrhundert immer wieder lobend oder als eigentümliche Sehenswürdigkeit erwähnt wurde. Obgleich die neuen Wohn- und Geschäftsbauten, die bevorzugten Kirchenbauten, auch der Prunk und die Repräsentation im Übermaß an den Staatskassen und überhaupt am verfügbaren Kapital zehrten, wirken alle diese Anstrengungen von heute aus betrachtet wie eine fast wunderbare Zeit des stetigen Aufschwungs. Doch musste dieser Aufstieg – trotz begrenzten Bürgerwohlstands – von einer leistungswilligen Generation in schwierigen Zeitumständen dreier kurzer Jahrzehnte zwischen 1680 und 1710 geschaffen werden. Das geschah, wohlgemerkt, ohne jene technischen Hilfsmittel, die heute für die Stadtsanierung oder den Wiederaufbau von Schlössern zur Verfügung stehen. Wie ein Triumph der Kunstgesinnung und der leichthin unterschätzten Kulturarbeit mag es da erscheinen, dass 1703 das grandiose Reiterdenkmal Schlüters von Friedrich I. für seinen Vater auf der Langen Brücke am Stadt-Schloss aufgestellt wurde (heute: Schloss Charlottenburg).

Gerd Heinrich

Literatur: F. Kuntze: Das Alte Berlin, 1938; H. Reuther: Barock in Berlin, Berlin 1969, S. 7–17; G. Heinrich: Europäische Ausblicke: Kf. Friedrich Wilhelm und die Berlin-Potsdamer Residenzlandschaft um 1688. In: Ders. (Hg.): Ein sonderbares Licht in Teutschland, Berlin 1990, S. 75–97; E. Schachinger: Die Berliner Vorstadt Friedrichswerder 1658-1708, Köln usw. 1993; Dies.: Die Dorotheenstadt 1673-1708, Köln usw. 2001; G. Schulz: Die ältesten Stadtpläne Berlins, 1652-1757, Weinheim 1986; M. Merian: Topographia Electoratus Brandenburgici, Frankfurt/M. 1652; H.-J. Giersberg u. a.: Der Große Kurfürst. Sammler, Bauherr, Mäzen, 1988; P. Bahl: Der Hof des Großen Kurfürsten, 2001; Chr. Schmitz: Ratsbürgerschaft u. Residenz, 2002.

Aufstieg der Städte: Brandenburg, Frankfurt (Oder) und Spandau um 1700.

Brandenburg zeichnet sich nicht durch eine herausragende Städtelandschaft aus. Bis ins 18. Jahrhundert wies die Mark keine Großstädte auf. Dennoch gibt es historisch interessante Städte, von denen die Handels-, die Universitäts- und die Festungsstadt vorgestellt werden.

Seit 1160 sind Stadtgründungen überliefert, die bei der Erschließung des Landes im Osten die Knoten im Netz der Siedlungen bildeten. Als Stätten des Fernhandels erlebten die größten der brandenburgischen Orte einen raschen wirtschaftlichen Aufschwung, der ihnen nach und nach eine mächtige politische Stellung in der Konkurrenz mit dem Landadel, der Kirche und dem Landesherrn verschaffte. Als Selbstverwaltungsorgan der Stadtbürger, insbesondere der kaufmännischen Oberschicht, diente dabei der Rat, dessen Mitglieder als „consules" (Ratsherren) für Stendal in der Altmark 1215, in Brandenburg an der Havel 1263 und in Spandau 1282 erwähnt werden.

Im 14. Jahrhundert erlebten die Städte dann einen ersten wirtschaftlichen und politischen Höhepunkt. Die aus der Hand des Landesherrn erworbenen Rechte umfassten u. a. die Verfügung über fast alle Abgaben und Leistungen der Bürger, das Steuerbewilligungsrecht, die begehrte hohe Gerichtsbarkeit an „Hals und Hand" und das Bündnisrecht. Grundsätzlich ist zwischen Mediatstädten, die einem eigenen Grundherrn unterstanden, und den größeren Immediatstädten, die nur dem Landesherrn verantwortlich waren, zu unterscheiden. Seit dem 15. Jahrhundert schwächte sich die Stellung der unabhängiger gewordenen brandenburgischen Städte. Von den ihre Macht ausdehnenden Hohenzollern-Kurfürsten wurden die Städte in ihren politischen Befugnissen beschränkt.

Der Dreißigjährige Krieg wirkte sich später auch auf die Städte verheerend aus. Ihre Schwäche nach 1648 ergab sich aber nicht nur aus den Kriegsfolgen, sondern auch aus ihrer Verpflichtung, den Landesherrn beim Aufbau eines Heeres zu unterstützen. Die seit 1667 in vielen Orten eingeführte Verbrauchssteuer (Akzise) führte zu einer wirtschaftlichen Trennung zwischen Stadt und Land. Mit dieser Steuer und den sie überwachenden Steuerkommissaren gelang es der Landesherrschaft, die Ratsautonomie von Fall zu Fall, doch keineswegs flächendeckend zu begrenzen.

Die Lage der Städte war noch zu Beginn des 18. Jahrhunderts durch mittelalterliche Vorgaben bestimmt. Erst seit 1731 wurden die Rechte der Handwerkerzünfte eingeschränkt, während die Manufakturarbeiter vielerorts eine nicht anerkannte Minderheit darstellten. Die Einnahmen der Frankfurter Kämmerei flossen z.B. um 1700 aus 70 verschiedenen Quellen (Zölle, Brückengelder, Abgaben von Handwerker- und Krämerständen, Verpachtung von Schenken, Gebäuden, Weideflächen usw.). Auch im Zeitalter des „Absolutismus" erhielten sich mittelalterliche Relikte. Im Rechtsbereich bestanden im 18. Jahrhundert mehrere Gerichte nebeneinander (z.B. in Berlin die landesherrliche Hausvogtei, das französische Gericht, das Militärgericht, Gerichte der Neustädte, adlige und kirchliche Gerichtsbezirke, Burglehen und Freihäuser als gerichtliche Sonderbezirke). Man stritt sich über Zuständigkeiten und verschleppte Prozesse.

Staatliche Verwaltung und Städteaufsicht bemühten sich zwischen 1680 und 1740, die städtischen Organe in die Regierungspraxis einzufügen. Gerichts-, Polizei- und Kämmereiwesen wurden neu organisiert. Mit der Einwanderung (Peuplierung) ausländischer Flüchtlinge und Verordnungen gegen Monopole (Kleinzünfte) griff der Landesherr in die Wirtschaftsverhältnisse ein. Überdies sollten die Städte in immer größerem Ausmaß den Bau von Militäreinrichtungen finanzieren. Militärgouverneure und Kommandanten übernahmen im Sicherheitsbereich Kompetenzen, die bis dahin zur städtischen Selbstverwaltung gehörten. Bei allen diesen Maßnahmen handelte es sich eher um eine „Städte-Missstände-Verhinderungspolitik" (G. Heinrich), die nur teilweise und regional unterschiedlich intensiv durchschlagskräftig war und den Städten immer noch ein hohes Maß an Selbstregulierung überließ. Andererseits wurde offener Widerstand von einzelnen Städten (Königsberg, Magdeburg) auch mit militärischen Drohungen und Maßnahmen gebrochen.

Wirtschaftlich stagnierten die Städte zu Beginn des 18. Jahrhunderts – ausgenommen die Residenzlandschaft um Berlin und Potsdam. Auffällig war die Entwicklung der Städte im Vergleich zu Berlin. Noch in der Mitte des 16. Jahrhunderts hatte sich Berlin der Konkurrenz anderer Städte zu erwehren, was die Zusammenstellung von Steueraufkommen (1560, Schoß) und Zahl der Feuerstellen (1564) verdeutlicht: Stendal 4.571 Gulden/1.210 Feuerstellen, Berlin-Cölln 3.811/1.316, Brandenburg an der Havel 3.526/1.174 und Frankfurt (Oder) 3.192/1.029. Eineinhalb Jahrhunderte später hatte Berlin mit inzwischen 64.000 Einwohnern (1719) allen anderen märkischen Städten in jeder Hinsicht längst den Rang abgelaufen.

Die Kartenbeispiele stammen aus der Zeit nach 1713, als mit der Aufstellung von Inventar- und Lagerbüchern, der Anlage von Ur-Katastern sowie Stadtplänen begonnen wurde. **Brandenburg an der**

Havel durfte sich über Jahrhunderte hin als das „Haupt" aller märkischen Städte bezeichnen. Die Kommune besaß als oberster Rechtshof (Appellationsinstanz) für alle Städte der Markgrafschaft große Bedeutung. Im 16. Jahrhundert setzte ein erster Niedergang ein. Politisch wurde die Havelstadt 1619 durch das Aufheben der freien Ratswahl geschwächt. Wirtschaftlich war der Versuch gescheitert, sich im 16./17. Jahrhundert gegenüber dem machtvolleren Handelsplatz Magdeburg zu stärken.

Die Karte aus späterer Zeit (1818) zeigt nun die Rückständigkeit der Stadt an der Havel, hatte sich doch das bebaute städtische Gebiet kaum verändert. Die Alt- und Neustadt umgebende Stadtmauer erwies sich inzwischen für die Kontrolle der 1662 bzw. 1669 eingeführten Akzise als wirkungsvolle Grenze. Anzeichen wirtschaftlicher Verbesserungen zeichneten sich zum Ende des 17. Jahrhunderts ab: Mit dem Zuzug der Hugenotten entwickelten sich mit Gerberei und Lederverarbeitung neue Wirtschaftszweige. Seit 1683 war Brandenburg Garnisonstadt. 1705 wurde hier für den Nachwuchs der Führungsschicht in der Domklausur eine Ritterakademie eingerichtet. Seit 1750 wurde das Altstädtische Rathaus als erste Manufaktur für die Barchent-Produktion der Havelstadt genutzt.

Die gute Verkehrslage an einem Oderübergang verhalf der vor 1226 angelegten Siedlung zu einem raschen wirtschaftlichen Aufstieg, so dass Frankfurt (Oder) 1375 mit dem höchsten Steuersatz aller märkischen Städte belegt war, 1399 immerhin 16 Dörfer im Umland ihr Eigen nennen durfte und im 15. Jahrhundert neben Stendal mit etwa 7.000 Einwohnern die wohl bevölkerungsreichste Kommune der Mark war. Politisch wurde die Stadt jedoch schon Ende des 15. Jahrhunderts entmachtet (Entzug von Obergericht und freier Ratswahl). Wirtschaftlich verlor der Stapelplatz im 16. Jahrhundert gegenüber Stettin (Oder) und im 17. Jahrhundert zugunsten Berlins (Müllroser Kanal) seinen Vorrang im Oderhandel.

Frankfurt erhielt durch die Gründung der ersten Landesuniversität 1506 einen starken Anstoß. Die „Viadrina" entwickelte sich um 1600 mit jährlich etwa 400–500 neu eingeschriebenen Studenten bald zu einem Mittelpunkt der Frühaufklärung, in dem 1668 die erste Bluttransfusion durchgeführt und 1721 erstmals ein preußischer Jude promoviert wurde. Die Stadt entwickelte sich zu einer Stätte des nordostdeutschen Buchhandels, in der 1715/21 erstmals in Deutschland für die ostmitteleuropäischen Juden in der hebräischen Druckerei der Talmud gedruckt wurde.

Der Dreißigjährige Krieg bezeichnet einen vorläufigen Tiefpunkt der Stadtgeschichte. Die Bevölkerungszahl sank um ein Drittel. Die Hälfte der Häuser stand leer. Seit der Verlegung der Universität nach Breslau 1811 erhielt Frankfurt die Aufgaben einer Verwaltungs- und Garnisonstadt. Der Stadtgrundriss (Grundfläche 800 x 400 Meter, ca. 36 Hektar) zeigt mit der 1663 auf dem rechten Oderufer (spätere Dammvorstadt) eingerichteten sternförmigen Bastion die Anfänge als Festungsstadt, in die 1669 eine kleine Garnison gelegt wurde.

Die Festung **Spandau** ging aus einer Burg hervor, die die brandenburgischen Markgrafen um 1157 an dem seit langem gesicherten Flussübergang hatten errichten lassen. Um 1232 erhielt die städtische Siedlung Stadtrecht. Zwischen 1560 und 1594 wurde die Burg unter der Leitung des italienischen Festungsbaumeisters Rochus Graf zu Lynar in eine Festung (Zitadelle) romanischen Typs mit Bastionen, Vorwerken und Gräben umgewandelt, um den nun weit reichenden Feuerwaffen standzuhalten. Die Karte zeigt, wie außerhalb der Stadtmauern um Spandau herum die neuen Bastionen ausgebaut wurden, die 1638 während des Dreißigjährigen Kriegs verstärkt worden waren. Trotz Festung und Garnison behauptete sich Spandau bis 1808 in der Stellung einer kurmärkischen Immediatstadt mit einer eigenen Stadtregierung und besonderer Amtsfreiheit. 1724 begann mit dem Bau einer Gewehrfabrik der Aufstieg Spandaus zu einem herausragenden Zentrum der Waffenproduktion.

Harald Engler

Literatur: G. Heinrich: Berlin und Brandenburg, 1995, S. 6 f., 97-102, 135-145, 177-185, 245 f., 333 f., 439-441; Ders. u. a. (Hg.): Stahl und Brennabor. Die Stadt Brandenburg im 19. und 20. Jahrhundert (= Bibliothek der Brandenburgischen und Preußischen Geschichte, Bd. 3), Potsdam 1998; Ders.: Staatsaufsicht und Stadtfreiheit in Brandenburg-Preußen.... In: W. Rausch (Hg.): Die Städte Mitteleuropas im 17. und 18. Jahrhundert, Linz 1981, S. 155-172; E. Engel u. a. (Hg.): Städtebuch Brandenburg und Berlin (2000), S. 4-10, 47-69, 163-182, 263-267, 438-444, 627-632; F. Göse: Zwischen adliger Herrschaft und städtischer Freiheit. In: JBLG 47 (1996), S. 55-85; P.-M. Hahn: Städtewesen. In: H. Heckmann (Hg.): Brandenburg (= Historische Landeskunde Mitteldeutschlands), 1991, S. 97-119; S. Griesa, Frankfurt (Oder) im Dreißigjährigen Krieg, 1998; R. Gebuhr u. a. (Red.): Von Vestungen. Die brandenburgisch-preußischen Festungen Spandau, Peitz, Küstrin, 2001; G. Heinrich u. a. (Hg.): Fontanestadt Neuruppin. 1256-2006, Neuruppin 2006; W. Schich: Redende mittelalterliche Städtesiegel vor allem brandenburgischer Städte. In: IBLG 55 (2004), S. 9-30; K. Neitmann (Hg.): Das brandenburgische Städtewesen im Übergang zur Moderne..., Berlin 2001.

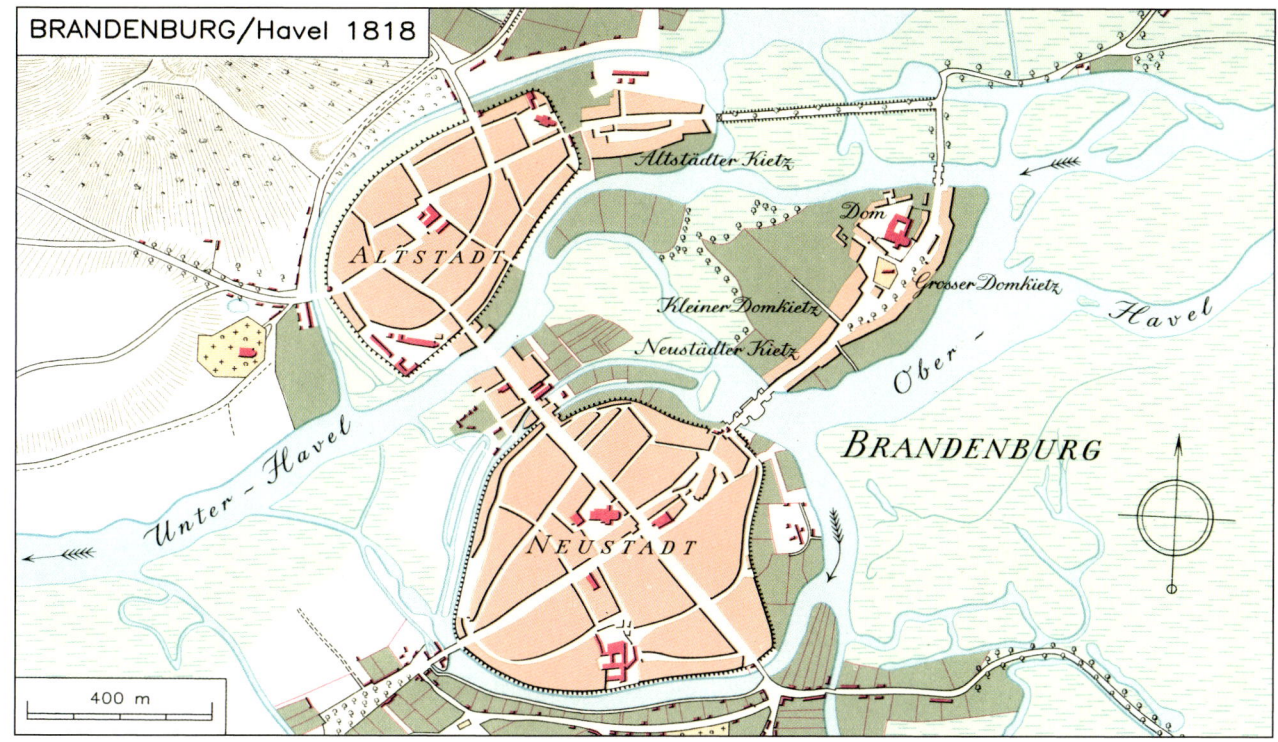

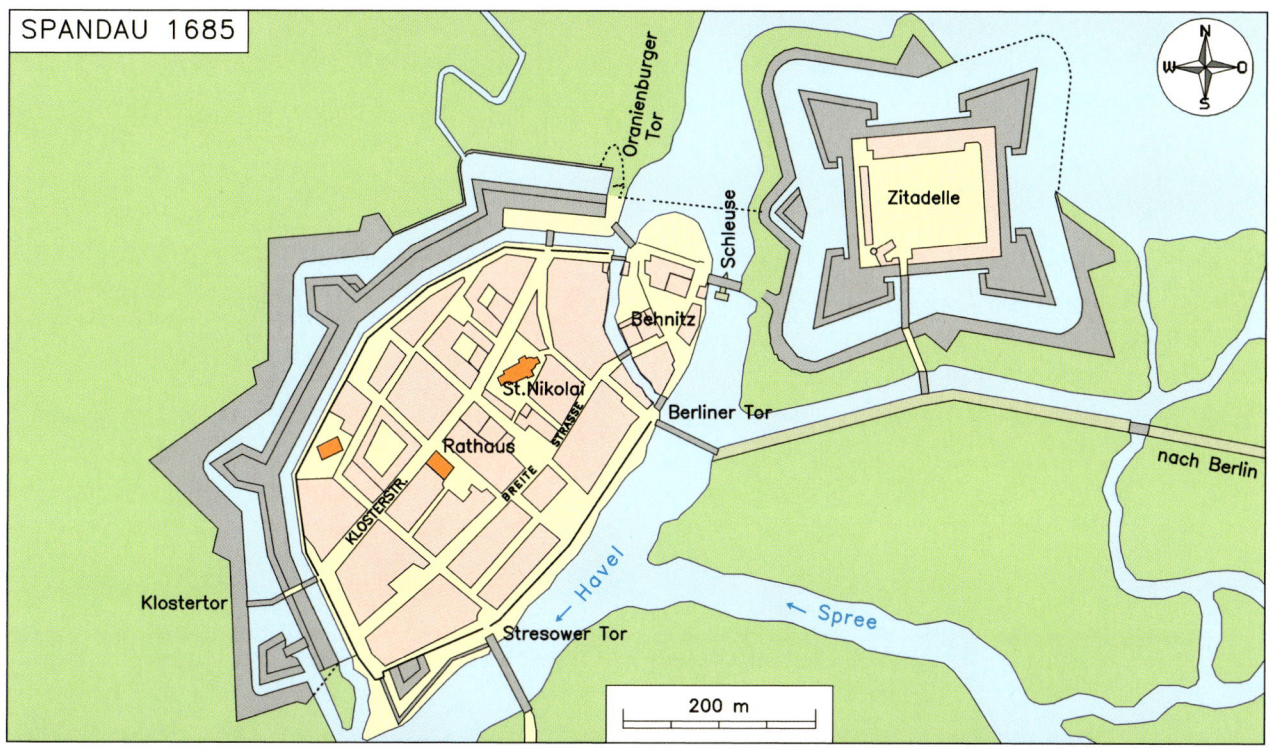

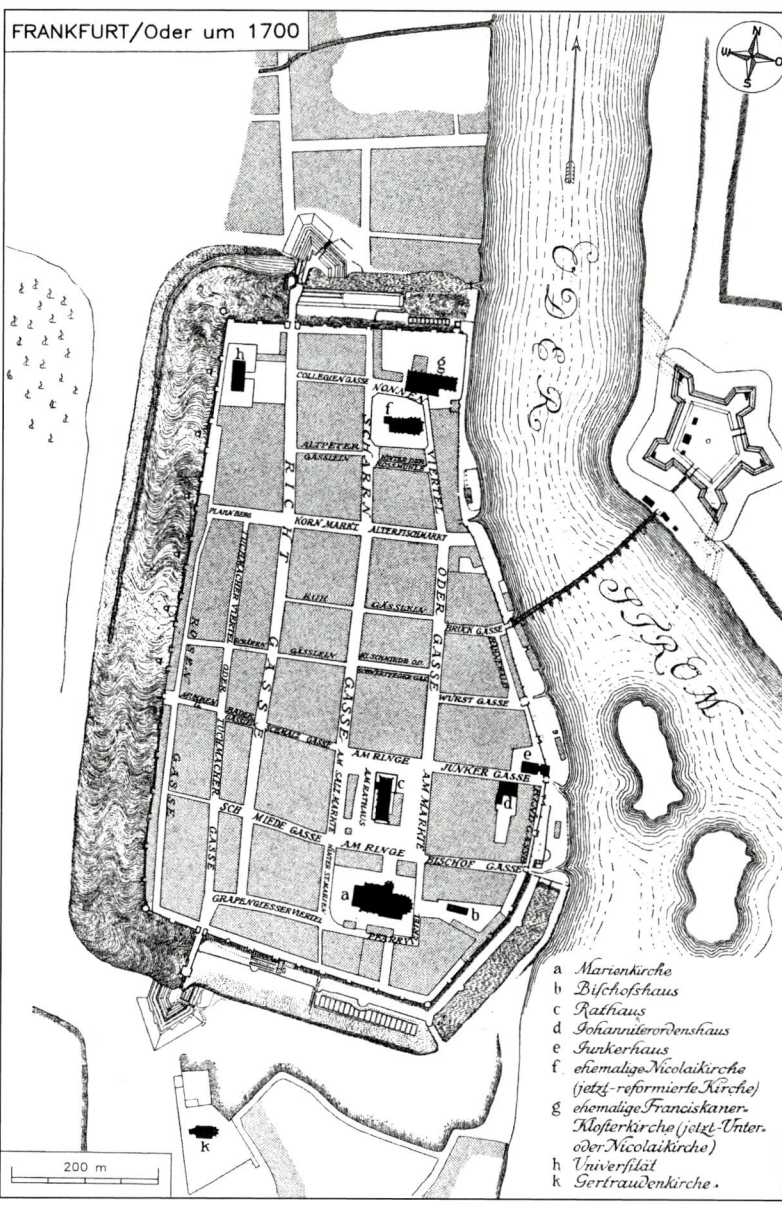

Frankfurt/Oder (Land Lebus), um 1226 besiedelt, 1253 Stadtrecht und Erwähnung („Vrankenuorde"), Handels- und Universitätsstadt, 8.453 Einwohner (1727). **Brandenburg an der Havel** (Havelland), 928/29 „Brennaburg", nach 1150 besiedelt, bald danach Stadtrecht (1170 Zollprivileg), Handelsstadt, „Chur- und Hauptstadt", 7.856 Einwohner (1722). **Spandau** (Havelland), Burgort um 1157, nach 1157 besiedelt, 1197 erwähnt („Spandow"), 1232 Stadtrecht, Festungsstadt, 3.022 Einwohner (1722, mit Festung, ohne Garnison und Amt).

Ackerbürgerstädte – Kreisstädte.

KÖNIGSBERG
An der Stätte einer älteren polnisch-piastischen Burg (um 1000) förderte Herzog Barnim I. von Pommern (1217/19–1278) die Entstehung einer Siedlung am Flussübergang und an einer alten Straße von Küstrin nach Stettin, die 1244 urkundlich erscheint. Gleichzeitig vollzog sich die deutsche Herrschaftsbildung in der westlichen Neumark. Zwischen 1250 und 1256 übernahmen die Markgrafen das Gebiet nördlich der Warthe, 1270 dann auch die Herrschaft über die Stadt, die seitdem zusätzlich den Roten Adler im Wappen führte. Der bald wohlhabende Ort war um 1300 ummauert, besaß zwei Kirchen, ein Kloster, eine Münzstätte und einen Burg-Kietz. Nach der Verelendung im Dreißigjährigen Krieg wurde erst 1726 die Einwohnerzahl von 3.249 erreicht (1933: 6.288). Neben Ackerbau und Brauerei gab es seit 1713 verstärkt Woll- und Tuchmacherhandwerk. Belebend wirkten auch die Garnison (1711), das Landratsamt (1815) sowie die Bahnanschlüsse (1877/92). 1945 erlitt Königsberg starke Zerstörungen, doch blieben Teile der berühmten Bauten der Backsteingotik erhalten.

ANGERMÜNDE
1267 bestand die Siedlung neben einer askanischen Burg (1230 ff.). Sie wird 1284 als „civitas" bezeichnet und zeigt die klassischen Formen einer brandenburgischen Gründungsstadt der Markgrafen Johann I. und Otto III. mit Rat, landesherrlichem Amt in der Burg, Gerichtsrechten, Franziskanerkloster (1292), Marienkirche und erweitertem Marktrecht (1492). Nach 1648 belebte sich die Stadt durch zuwandernde Hugenotten und Pfälzer und eine Garnison (1694). König Friedrich Wilhelm I. befahl, auch für Angermünde 1724 einen Kataster auszumessen. Trotz einiger Textilbetriebe und des nun verbreiteten Tabakanbaus blieb es eine Ackerbürger- und Kreisstadt (1817), mit einigem Nutzen als Anlieger der Hauptstraße und Bahnlinie (1843) nach Stettin. Krieg 1945 und Nachkrieg ließen Angermünde unzerstört zurück, so dass man in der Altstadt die dauerhaften Elemente des älteren brandenburgischen Städtewesens nur wenig beeinträchtigt studieren kann.

KREMMEN
Auf einer altbesiedelten Luchinsel zwischen Havelland und Barnim erscheint seit 1216 mit einem Burgward Kremmen (= slaw. Kieselstein). Die Burg sicherte den Damm (1298) zwischen dem Havelland und dem Land Löwenberg, auf dem wiederholt gekämpft worden ist. Für die Bedürfnisse der Burgherren waren im Kietz sechs Fischer zuständig. Das mit einer hohen, im 17. Jahrhundert niedergelegten Backsteinmauer bewehrte „Städtchen" (Mediatstadt) gehörte dem Markgrafen, seinen Lehnsleuten von Bredow und anderen Amtsträgern. Ihnen waren die Acker- und Gewerbebürger abgaben- und dienstpflichtig. Brände (1680) setzten der Stadt ebenso zu wie Pest und Krieg. Aber 1740 lebten in den 227 besetzten Häusern 1370 Menschen. Sie besuchten die wiederaufgebaute Pfarrkirche St. Nicolai und ernährten sich von Landwirtschaft, Fischfang und Torfstich. Kanalbau (1798) und Bahnanschluss (Berlin – Neuruppin 1893/98), die Veredlung von Agrarprodukten, Leichtindustrie und die Nähe des Berliner Arbeitsmarktes sicherten fortan das Überleben (1964: 3.301 Einwohner).

RATHENOW
Mit vier Burgwällen und drei spätslawisch-frühdeutschen Kietzen war Rathenow neben Brandenburg an der Havel mit Havelbrücken und einer Burg der Askanier (1276, 1298) ein bedeutender Ort. Die vielfach umkämpfte Immediatstadt gewann durch Schiffsverkehr, Land- und Forstwirtschaft und Spezialgewerbe ihren Lebensunterhalt. 1719 umfasste sie 383 Häuser. Der Plan von 1720 bildet die Grundlage für die geplante Neustadt (1733), für feuerpolizeiliche Maßnahmen und die zu verbessernde Unterbringung von Truppen. Seit 1713 (bis 1994) war Rathenow mit geringen Unterbrechungen Garnisonstadt, seit 1815 Kreisstadt. Anders als Kremmen erlebte Rathenow vor allem durch die optische Industrie einen starken Aufschwung (1740: 2.856, 1939: 32.124 Einwohner), der durch die Zerstörungen 1945 in der Altstadt nicht wesentlich aufgehalten worden ist.

1994 gabe es 26 kleine und mittlere Betriebe (u. a. ESSILOR, Fielmann Modebrillen, Metzler Brillen Manufaktur, ORALTALMICA Brillengläser, Optische Industie „J.H.A. Duncker")

Gerd Heinrich

Quellen und Literatur: G. Heinrich (Hg.): Berlin und Brandenburg, 1995, S.6 f.,245 f., 333 f., 439–441, 488, 560; L. Enders: Historisches Ortslexikon: Havelland, 1972, S.196–199, 308–313; Angermünde, 1983 (D. Kukla u. W. Weiß); H. Günther: Bilder aus Alt-Rathenow, 1934; Angermünder Heimatkalender, 2003; W. Lindner: Brandenburgische Städtebaukunst, 1941; Städtebuch Brandenburg u. Berlin, 2000, S. 4-10, S. 263–267, S. 438–444.

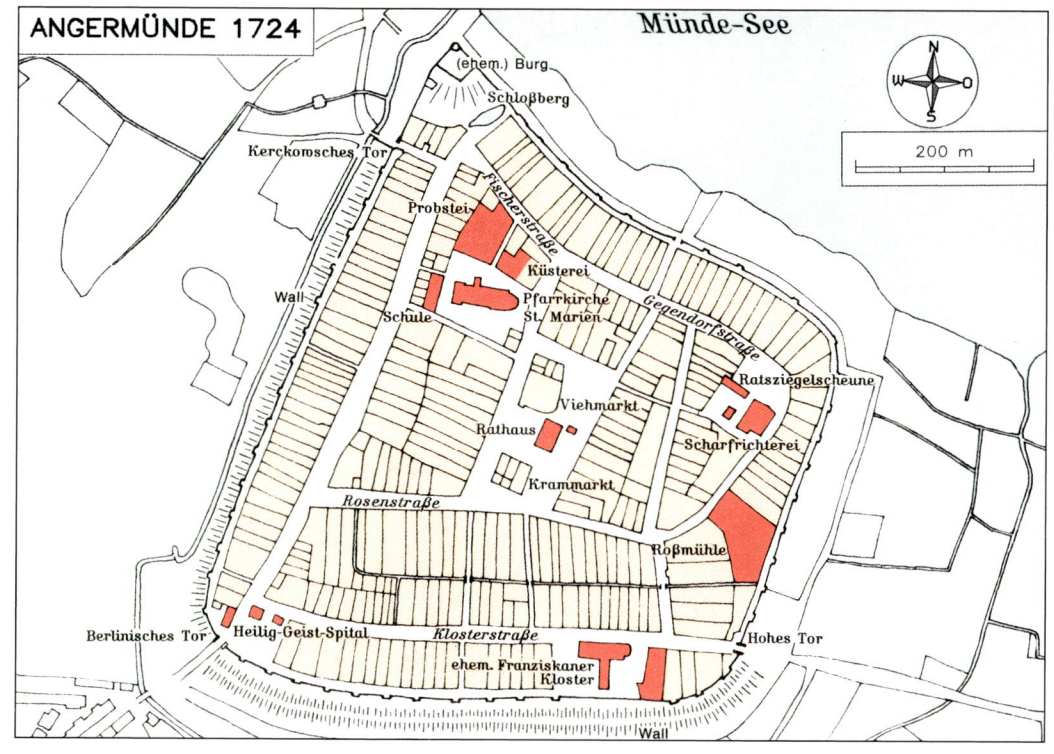
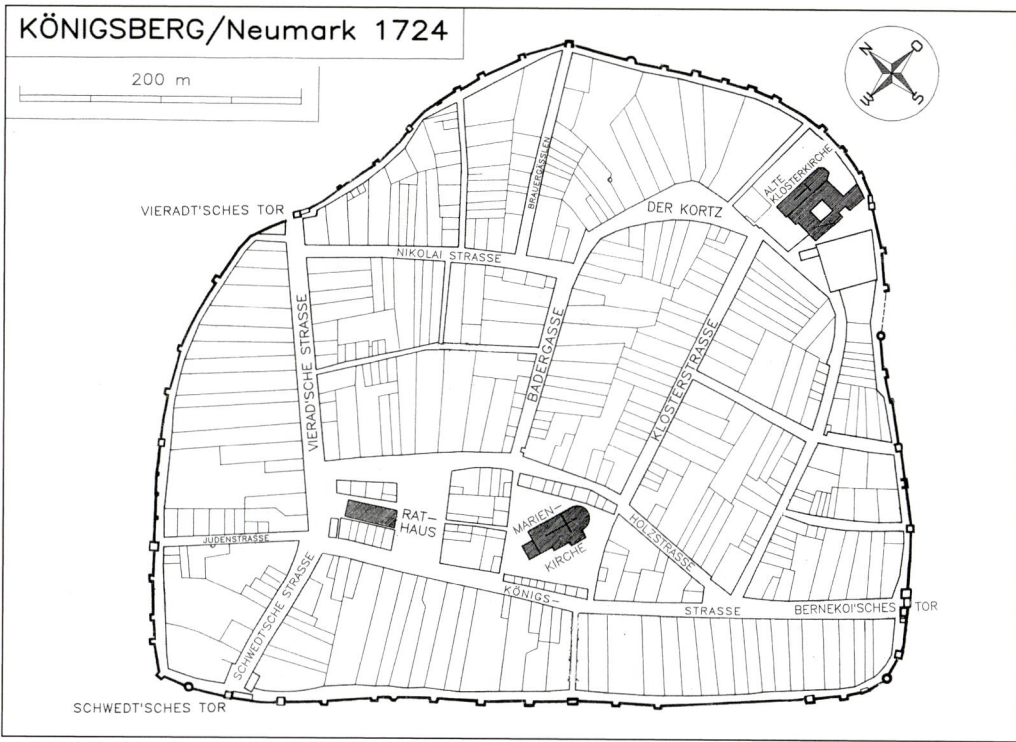
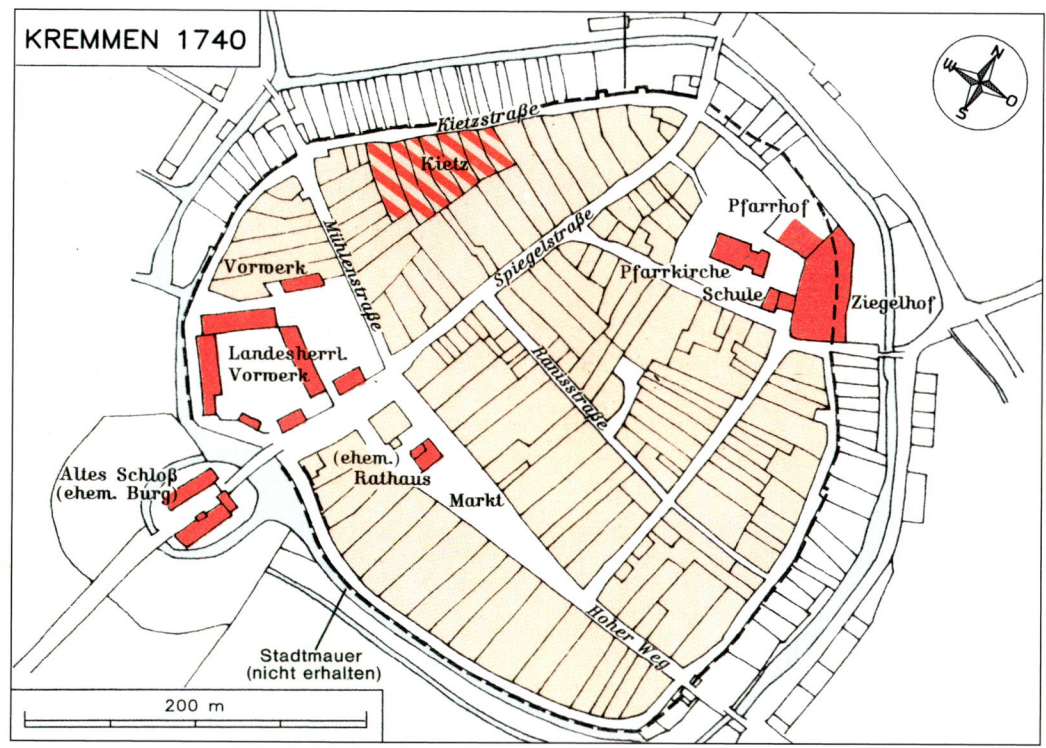
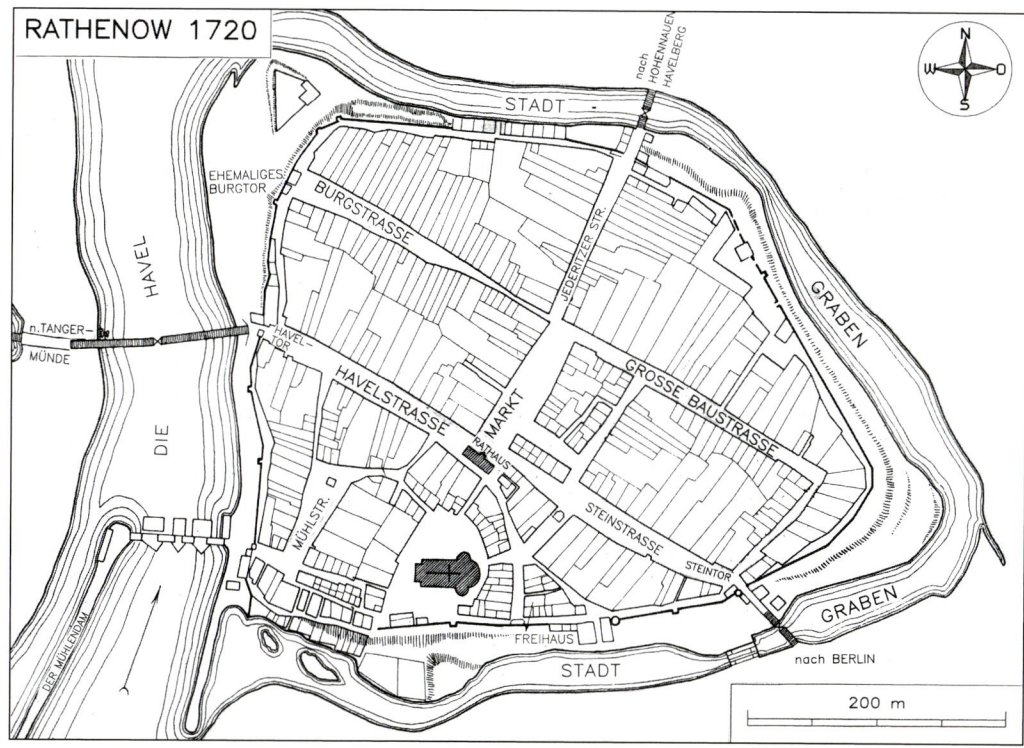

Kolonistenzuzug und Neusiedlung. 1685–1786.

Der Aufstieg Brandenburg-Preußens zur europäischen Großmacht vollzog sich nicht zuletzt als Ergebnis eines fast beispiellosen Bevölkerungszuwachses, der nicht allein durch den natürlichen Bevölkerungszuwachs nach dem Dreißigjährigen Krieg verursacht wurde. Vielmehr kamen seit den letzten Jahren des Großen Kurfürsten zahlreiche Einwanderer ins Land. Diese Entwicklung war keine preußische Besonderheit, sondern Teil einer gesamteuropäischen Binnenkolonisation. Doch ist trotz – oder wegen – der Armut Brandenburg-Preußens hier die Zuwanderung mit größerer Konsequenz geplant worden als anderswo.

Seit dem Edikt von Potsdam 1685 warb man Kolonisten aus vielen Regionen des Reiches an, zuerst aus Frankreich („Refugiés"), der Schweiz, aus den Niederlanden, aber auch aus Polen und anderen Staaten. In Brandenburg findet man unter den Kolonisten Mecklenburger, Pommern, Schweden, Sachsen, Hessen, später Pfälzer, Württemberger und Elsässer. Aus katholischen Reichsteilen kamen Böhmen, Österreicher und Schlesier. Diese staatlich geförderte Zuwanderung hielt bis zum Tode Friedrichs des Großen 1786 an.

Die Zuwanderung war verbunden mit großen Meliorationsprojekten, von denen die Zentralprovinz Brandenburg mit Potsdam und Berlin von allen preußischen Landen den stärksten Gewinn hatte. Betrachtet man die Verteilung der Zuwanderer, so zeigt sich, dass z.B. bei der friderizianischen Kolonisation im Oderbruch, im Warthe-Netze-Bruch oder im Rhin-Dosse-Gebiet der Ausländeranteil sehr hoch war. Nach Ende des Siebenjährigen Krieges (1756–1763) betrieb Friedrich der Große die Neuansiedlung (Peuplierung) wegen der Kriegsverluste mit besonderem Nachdruck. Die preußischen Werber versprachen in den Anwerbe-Ländern zuweilen das Blaue vom Himmel. Das harte Leben in den Ansiedlungsorten schied die Spreu vom Weizen, zumal Behörden bei dem Eintreiben der Abgaben nach Ablauf der Freijahre kaum Milde walten ließen.

Auch kam es zu Konflikten mit der einheimischen Bevölkerung. Der eher spröde Märker sah sich plötzlich einem ganz anderen Menschenschlag gegenüber, dem er nicht immer mit offenen Armen begegnete. Bei dieser verbreiteten Fremdenfeindlichkeit der Landbevölkerung spielten unterschwellig religiöse Unterschiede eine Rolle; denn die lutherischen Brandenburger und Pommern sollten mit Reformierten aus Mähren, Frankreich oder der Schweiz zusammenleben. Andere Essgewohnheiten trugen zur Abneigung gegen die Zuwanderer bei, die als „Bohnenfresser" bezeichnet wurden.

Der Kolonist mit seinem gefährlicheren Schicksal hob sich in der Regel durch Temperament, Wendigkeit und besondere Fertigkeiten anderer Kulturzonen heraus.

In den Städten vollzog sich die Angleichung zumeist rascher als auf dem platten Land, wie das Beispiel der „Französischen Kolonie" in Berlin zeigt. Über deren Einfluss schrieb Theodor Fontane: „Die Refugiés waren Muster von Loyalität ohne je servil zu werden und gaben ein gutes Beispiel nach mehr als einer Seite hin. ... Ihr Haupteinfluß, neben feineren Umgangsformen, für die sie das Vorbild gaben, war ein gewerblicher; sie führten vieles ein, was bis dahin gar nicht da war, und anderes hoben sie durch ihre Geschicklichkeit auf eine höhere Stufe."

Auf dem Land blieben die Kolonisten länger als in der Stadt oftmals ein besonderes Völkchen. Das hing nicht zuletzt mit ihrem rechtlichen Status zusammen. Sie erhielten bei der Werbung die Zusicherung mehrjähriger Steuerfreiheit. So brauchten sie, ihre Kinder und Kindeskinder keinen Militärdienst zu leisten. Die Religion sollten sie ungestört ausüben und nach Wunsch einen Pfarrer mitbringen dürfen. Gefordert wurde von ihnen Arbeitseifer, nach Möglichkeit etwas Kapital (der König wollte „keine Bettler") und Beachtung der Landesgesetze. Die meisten Kolonistendörfer erhielten sogleich einen Schulmeister. Das alles unterschied die „Neuen Siedlungen" von den älteren, zumal im Bereich der nichtstaatlichen Grundherrschaften.

Im Laufe der Ansiedlungsprojekte erwies es sich, dass wirtschaftlich unabhängige Besitzer größerer Stellen mit ein oder zwei Hufen Landes sesshafter waren als arme „Büdner". Darum forderte der König während der Vorarbeiten zur Melioration des Rhin-Dosse-Bruchs ausdrücklich die Ansetzung von echten Bauern, „weil diese im Falle der Not bleiben und Haus und Hof nicht so leicht verlassen." Denn jede Kolonistenstelle kostete mindestens 400 Taler, die der Staat bewusst in seine Zukunft investierte.

Gerd Heinrich

Quellen und Literatur: M. Kohnke: Das Edikt von Potsdam. In: Jb. für Geschichte des Feudalismus 9 (1985), S. 241–274; E. Birnstiel u. A. Reinke: Brandenburg-Preußen als Einwanderungsland. In: S. Jersch-Wenzel u. B. John (Hg.): Von Zuwanderern und Einheimischen. Hugenotten, Juden, Böhmen, Polen in Berlin, Berlin 1990, S. 33–152; G. Heinrich: Toleranz als Staatsraison. In: Festschrift für O. Büsch, Berlin 1988, S. 29–54; ders. u. a.: Kolonistenzuzug und Staatssiedlung 1688–1786; 1971 (= Historischer Handatlas, Lfg. 35); I. Gundermann: Verordnete Eintracht 1613–1740. In: Herbergen der Christenheit 28/29 (2004/05), S. 141–155; Neue Siedlungen. Einzelbeispiele, 1971, 1977 (= Historischer Handatlas, Lfg. 35, 53), R. Schmook: Bad Freienwalde, 2006; K. Neitmann u. a. (Hg.): Die Herkunft der Brandenburger, Potsdam 2001. – Siehe die Nebenkarte Berlin auf Seite 31.

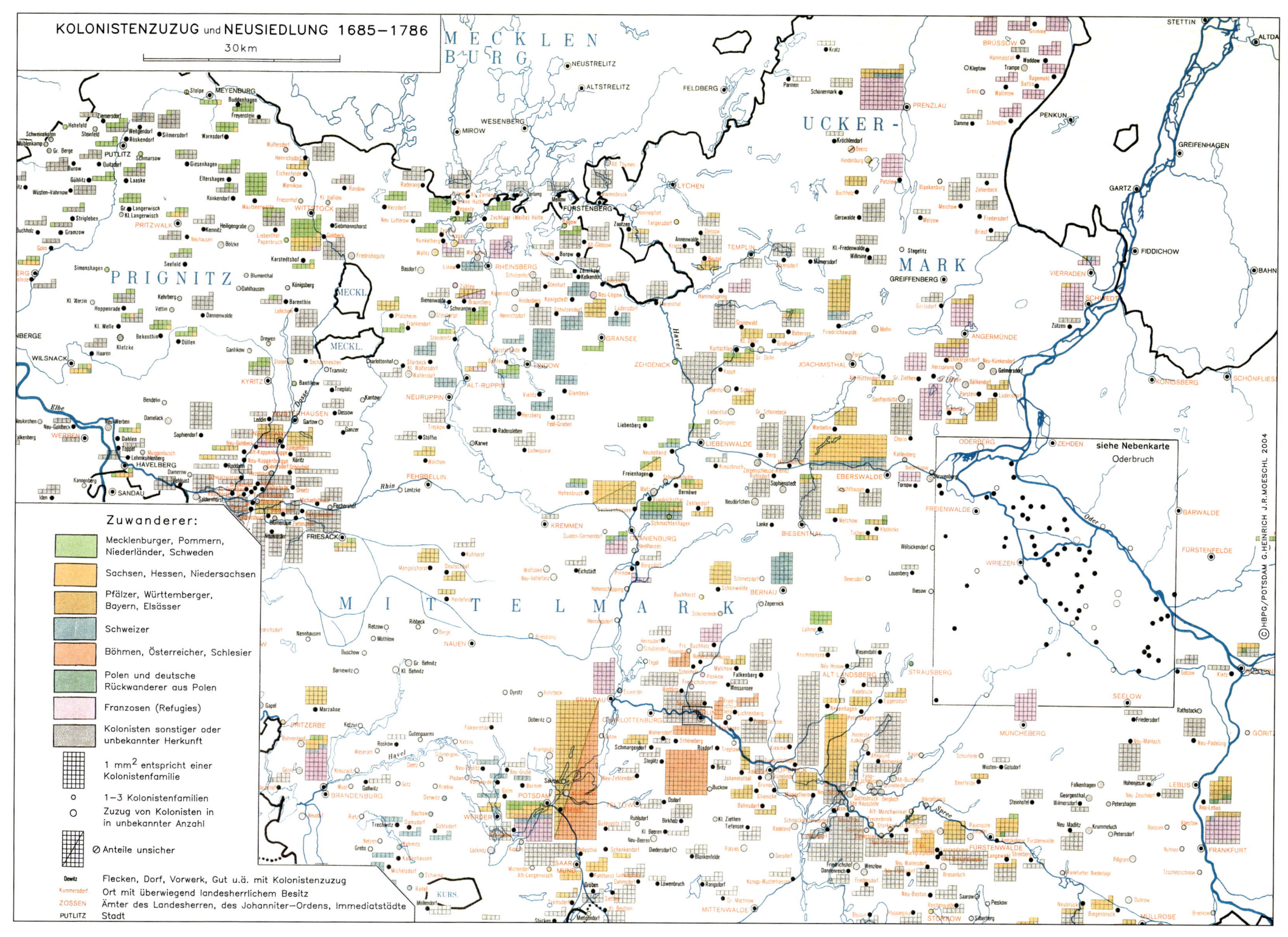

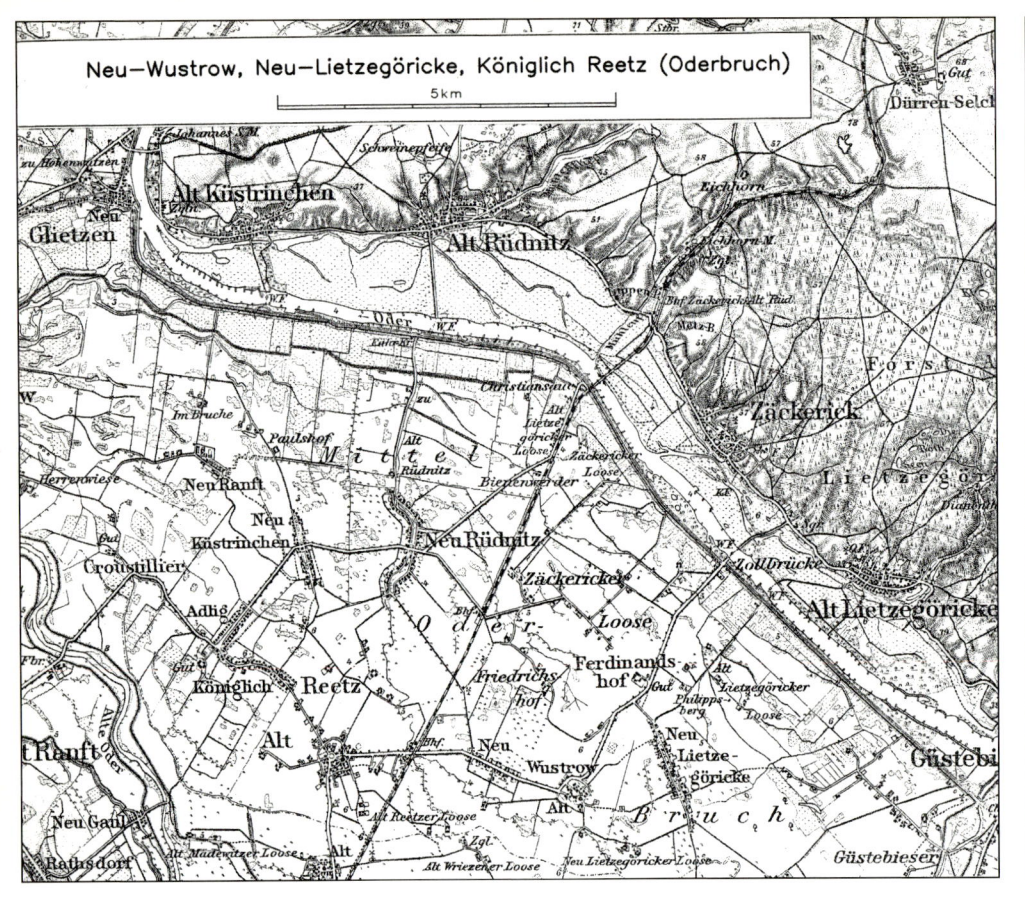

Neu-Wustrow, Neu-Lietzegöricke, Königlich Reetz (Oderbruch)

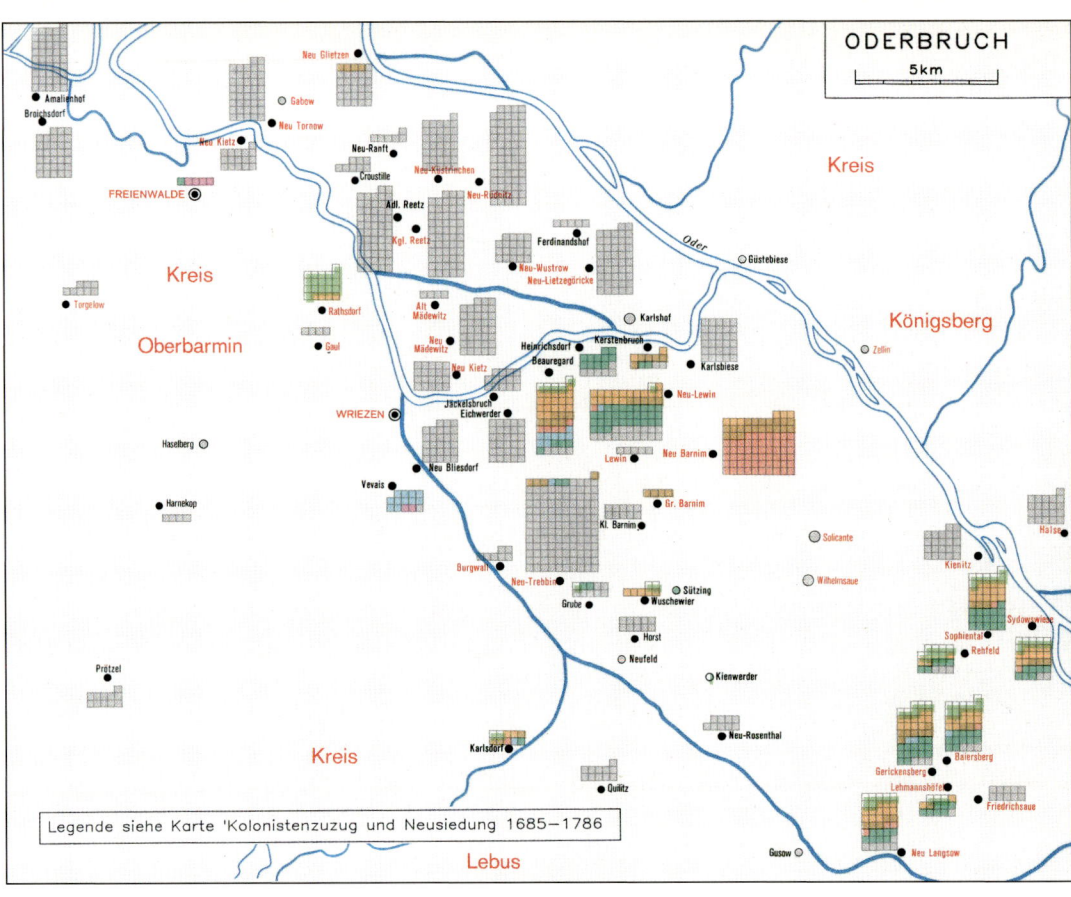

ODERBRUCH

Neu-Lietzegöricke/Neu Wustrow 1753/77

Alttrebbin, Schul- und Bethaus, 1820 errichtet

Denkmal Friedrichs des Großen in Letschin

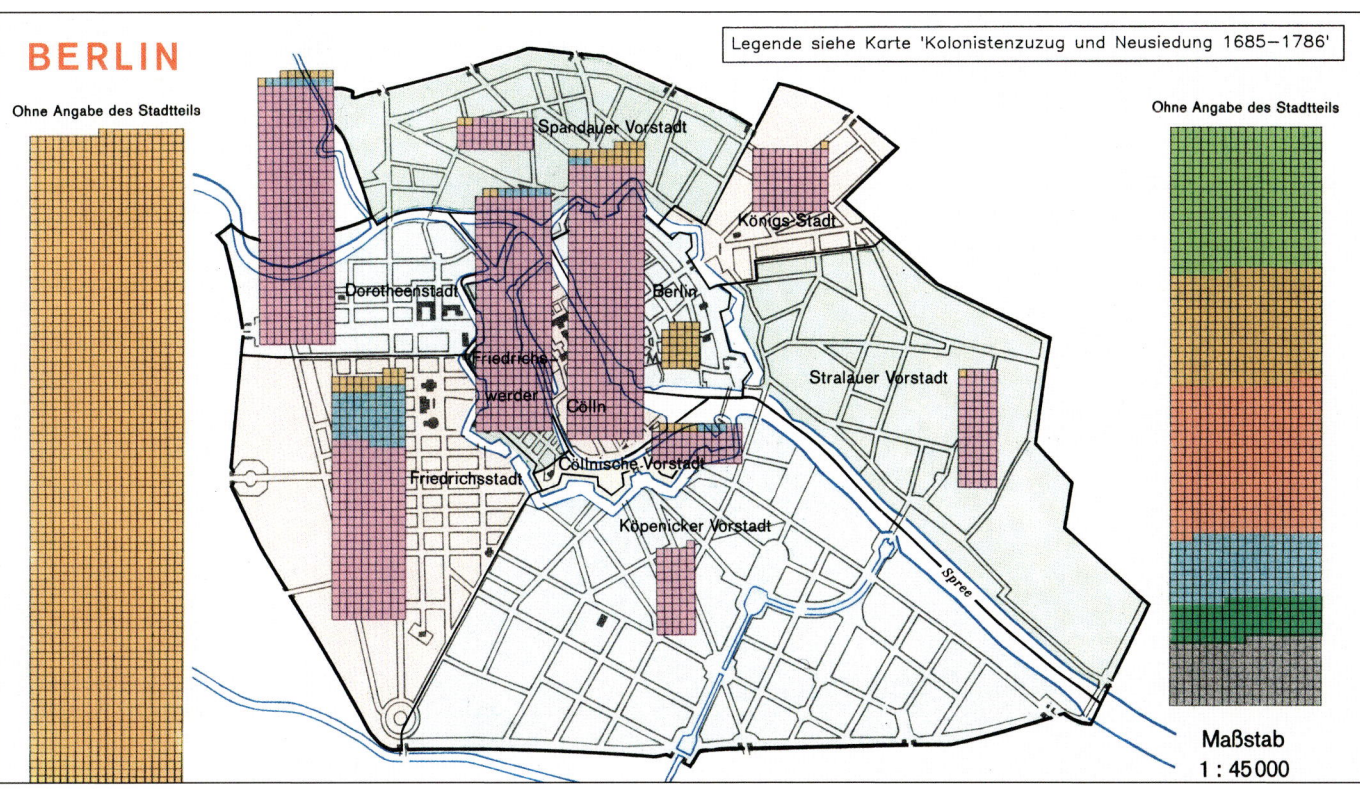

Naherholungsgebiet: Golzow (um 1902)

Postkarten-Tourismus: Alt-Itritz (um 1910)

Frühe Gewerbe. 1650–1713.

Verglichen mit westlichen Staaten Mitteleuropas war Brandenburg um 1700 ein von Natur aus wenig begünstigtes, vielmehr auf Zuschüsse angewiesenes Land. In 200 Jahren gelang es, eine leistungsfähige Wirtschafts- und Gewerbelandschaft zu entwickeln und viel Beispielhaftes bei der Fertigung und dem Vertrieb der Produkte zu erarbeiten. Im Mittelpunkt standen Berlin, Potsdam und die Produktionsstätten im Finowtal. Anfänge sind bereits im 16. Jahrhundert und in der Zeit vor 1618 zu beobachten. Zu den Werkstätten gehörten die großen Mühlen, die Hammerwerke an fließenden Gewässern, Papiermühlen und Glashütten.

Bereits 1532/39 bestand in Eberswalde eine Papiermühle, die 1650 verfallen war. Andere Papiermühlen entstanden in der Zeit vor 1650 in Reipzig (1539), Cottbus (1557) und Neudamm (1568).

An zweiter Stelle sind Glashütten zu nennen. Bis zum Ende des 16. Jahrhunderts wurden Glaswaren aus Schlesien und Böhmen importiert. Seit 1575 ist eine Hütte am Grimnitzsee (Uckermark) bezeugt. Holz zum Feuern und feiner Sand waren reichlich vorhanden. Die erste Glashütte erfreute sich der Gunst des Kurfürsten Joachim Friedrich (Edikt 1602). Waren die Holzvorräte erschöpft, verlegte man die Glasschmelze an einen anderen Ort. Aus der Zeit zwischen 1648 und 1713 stammen u. a. die Bernseesche Hütte, die qualitativ hoch stehende, den Hof beliefernde Hütte in Potsdam-Zechlin, zwei Hütten in der Neumark, Althüttendorf am Grimnitzsee oder die Hütte am Spiegelberg bei Neustadt an der Dosse. Insgesamt gab es 75 Hütten an 60 Orten in Brandenburg. Die meisten von ihnen produzierten Gebrauchsglas. Nur einige schufen und schliffen feine Gläser (Weißglas-Hütten, Kunstglas-Hütten).

Nach 1648 belebten und entwickelten sich gewerblich-industrielle Anlagen, wie das Messingwerk bei Eberswalde, ein Eisenhammer am ersten Finow-Kanal oder das Hammerwerk von Spechthausen. Doch bestanden bereits vor 1648 zahlreiche Hammerwerke in der gewässerreichen Neumark. Mit dem Bau des Kanals von der Oder zur Spree (1662–1668) schuf die Administration Grundlagen für die moderne Entwicklung. An den Schleusen entstanden wie am Finow-Kanal kleinere Gewerbesiedlungen, so auch in den Rüdersdorfer Kalkbergen, von denen aus die Städte seit alters mit Baukalk beliefert wurden.

In Berlin gab es vor 1685 neben Handwerksbetrieben gewerbliche Unternehmen, wie etwa Textilgewerbe, Zuckersiedereien oder Fayence-Werkstätten. Doch hielten sich diese wegen des Mangels an Kapital nur wenige Jahre. In der Regel kamen nur teure oder minderwertige Waren auf den Markt, die mit dem Ausland nicht mithalten konnten und für die kein Binnenmarkt bestand, zumal der Staat den Handel durch Zollschranken behinderte. Zwischen 1685 und 1710 stieg dann jedoch die Bevölkerungszahl in Berlin von ca. 10.000 auf 55.000 Menschen an. Die Hugenotten führten u. a. neue technische Verfahren ein. Freilich errechnet der Ökonom Jakob Paul von Gundling um 1708, dass der Staat noch immer 90 Prozent importiere und nur 10 Prozent exportiere. Diese Gesamtrechnung dürfte Friedrich Wilhelm I. in seiner Wirtschaftspolitik beeinflusst haben. Gleichwohl stiegen trotz der Einfuhren aus dem Westen und Süden Europas die Akzise-Einnahmen in Berlin von 58.000 auf 106.000 (1690–1701) und bald darauf auf 170.000 Taler (1705). Der erhöhte Geldumlauf als Folge der Subsidienpolitik des ersten Königs drückt sich darin aus. Um 1700 zählte man in Brandenburg 62 Gold- und Silberschmiede, Juweliere und Steinschneider als Unternehmer oder als Beschäftigte in der staatlichen Münze. 52 von ihnen arbeiteten in Berlin, was dessen Gewicht zeigt.

Fasst man die Manufakturen bis 1720 zusammen, so sind es vor allem diese Produkte: Fayencen und Steingut, Gobelins und Teppiche, Gold- und Silberwaren, Wolle, französische Hüte, Seide, Tapeten, Strümpfe, italienische Kunstblumen, Baumwolle, Bänder (Dekorationstextilien); es entwickelten sich Färbereien und Farbanstalten; hergestellt wurden Spezialwaffen, Messingarbeiten, Stahlwaren und Messer, Münzen und Medaillen. Zu den aufblühenden Industriezweigen zählten die Kupfer- und Zuckersiedereien, Bergwerke, Papierhütten und Druckereien. Neben der Großproduktion von Lederwaren verzeichnete die Tabakverarbeitung nebst Tabakpfeifen zunehmenden Gewinn.

Vergleicht man den Stand von 1650 mit dem von 1713, von 1740 oder gar von 1800, so wird deutlich, dass Berlin-Brandenburg als Zentralprovinz trotz Wirtschaftskrisen und Rückschlägen einen starken Anstieg seiner Wirtschaft zu verzeichnen hatte.

Gerd Heinrich

Quellen und Literatur: R. Schmidt: Märkische Papiermühlen bis um 1800. In: Brandenburgische Jahrbücher 3 (1928), S. 58–76; R. Schmidt: Brandenburgische Gläser, Berlin 1914; E. Herzfeld: Preußische Manufakturen, Berlin 1994; G. u. K. Friese: Glashütten in Brandenburg, Eberswalde 1992; G. Heinrich: Heer- und Handelsstraßen um 1700. Maßstab 1 : 650 000, 1973 (= Historischer Handatlas, Lfg. 46); Ders. (Hg.): Berlin und Brandenburg, 1995, LV Nr. 327, 333, 346, 655–657, 893; Ausstellung Kunstgewerbemuseum: „Herrliche Künste und Manufakturen". (...) 1680–1720, Berlin 2001; W. Radtke: Gewerbe und Handel in der Kurmark Brandenburg von 1740 bis 1806, Berlin 2003.

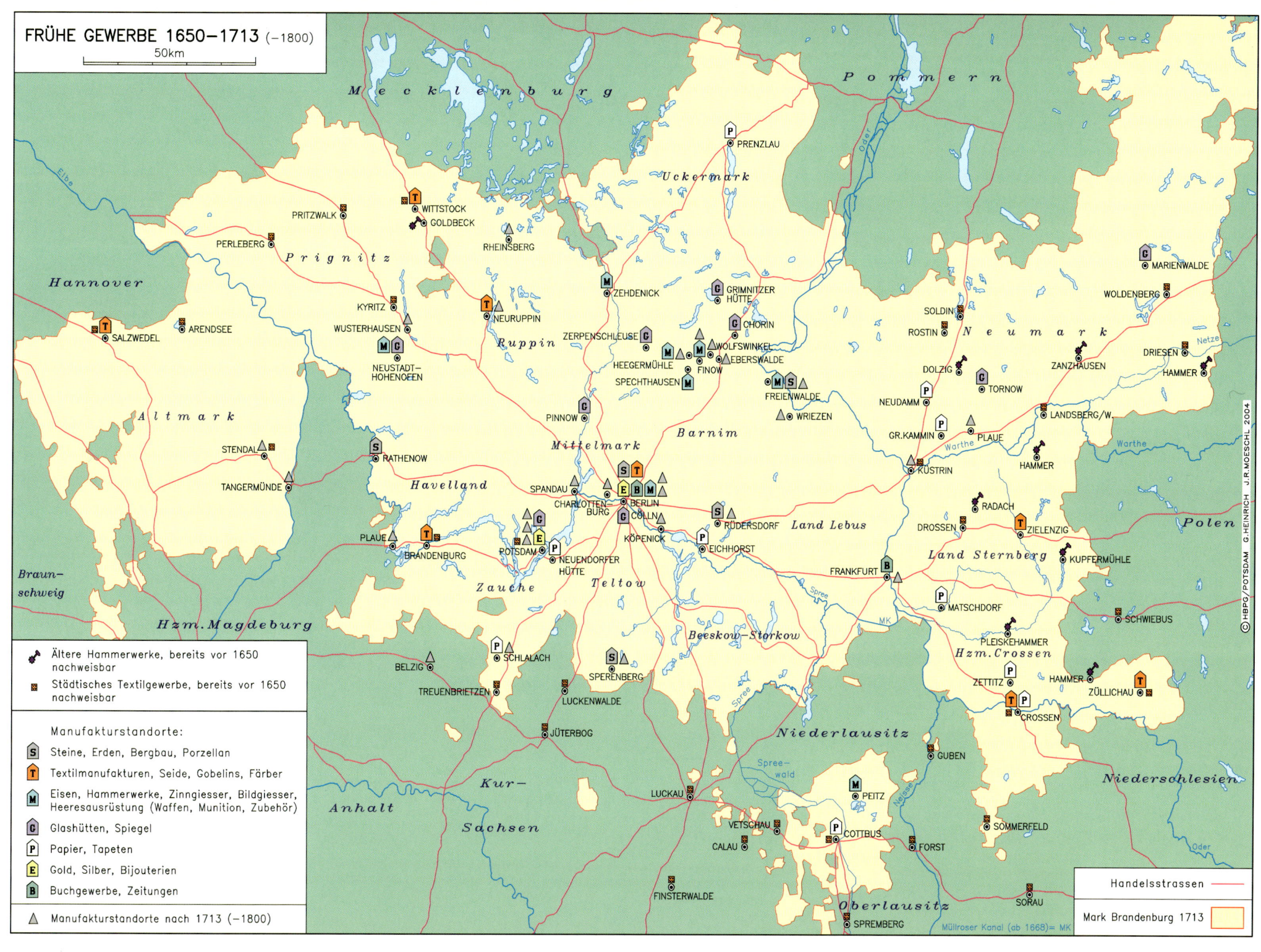

Verwaltung 1815–1945.

Die Entwicklung der Verwaltung ist untrennbar mit den Preußischen Reformen und ihren Vordenkern, den Ministern Freiherr vom Stein (1757–1831) und Karl August von Hardenberg (1750–1822), verbunden. Ihre Stunde schlug, nachdem die napoleonische Armee die Preußen bei Jena und Auerstedt (14.10.1806) besiegt hatte und Preußen im Frieden von Tilsit (9.7.1807) fast die Hälfte seines Staatsgebietes verlor. Um die Kriegsfolgen zu überwinden, galten auch Zentralisierungs- und Modernisierungsmaßnahmen der Staatsverwaltung als unvermeidlich. Sie waren Teil jener Reformen, die den Übergang vom „absolutistisch" regierten Stände- und Agrarstaat des 18. Jahrhunderts zum bürgerlichen Verfassungs-, National- und Industriestaat des 19. Jahrhunderts einleiteten.

Die Reformen spielten sich auf vier Ebenen ab. Zunächst wurde 1815 eine „Provinz Mark Brandenburg" eingerichtet, durch die sich das Territorium einschneidend veränderte. Im Westen ordnete man die Altmark der neuen Provinz Sachsen zu, während im Osten die neumärkischen Kreise Schivelbein und Dramburg an die Provinz Pommern gingen. Angegliedert wurden im Südosten das schlesische Schwiebus, das Markgraftum Niederlausitz, dessen Kern Cottbus mit Peitz schon seit dem späten 15. Jahrhundert zu Brandenburg gehört hatte, die bisher kursächsischen Herrschaften Senftenberg und Baruth sowie die Ämter Finsterwalde, Dahme, Jüterbog und Belzig-Rabenstein. Der Fläche nach stand Brandenburg 1925 (ohne Berlin) unter den 14 preußischen Provinzen an erster, der Wohnbevölkerung nach an siebter Stelle. Geleitet wurde die Provinz von einem Oberpräsidenten, der seinen Sitz in Berlin (1815–1824), in Potsdam (1825–1918) und erneut in Berlin-Charlottenburg (1919–1945) hatte.

Darüber hinaus wurde die Provinz in zwei Regierungsbezirke aufgeteilt: in den größeren westlichen Regierungsbezirk Potsdam und den kleineren, eher ländlich geprägten Regierungsbezirk Frankfurt (Oder). Ein Regierungsbezirk für die spätere Reichshauptstadt Berlin bestand zwischen 1816 und 1821 und von 1881/84–1945. In der Zwischenzeit gehörte Berlin zum Regierungsbezirk Potsdam.

Die dritte Ebene der Staatsverwaltung stellten die Kreise dar. Ihre Grenzen blieben im Wesentlichen stabil, abgesehen vom Berliner Raum (Eingemeindungen) und von den nach 1945 verlorenen Ostgebieten. Veränderungen ergaben sich zuvor durch die Ausgliederung von 13 Städten zwischen 1877 und 1925. Dazu gehörten Charlottenburg (1877) und Spandau (1887) im Umfeld Berlins, aber auch Brandenburg an der Havel (1881) oder Eberswalde (1911). Die Grundlage der Verwaltung in den Kreisen bildete die „Kreisordnung für die sechs östlichen Provinzen" (1874), nach deren Bestimmungen die Städte gegenüber den Landgemeinden und ländlichen Grundbesitzern nach wie vor im Nachteil waren.

Als vierte Ebene bestanden die Gemeinden, deren Grenzen zwischen 1815 und 1945 nahezu unverändert blieben. Lediglich im Berliner Einzugsgebiet kam es durch den Ausbau des Militärs zu größeren Veränderungen. So kaufte zwischen 1896 und 1899 der Staat 2.900 Hektar Gemeinde- und Gutsland westlich von Spandau auf, um dort einen Truppenübungsplatz einzurichten. Den Gemeinden wiederum wurden die 1928 aufgelösten Gutsbezirke einverleibt, die sich nach 1807 als selbständige ländliche Verwaltungseinheiten und als Träger öffentlich-rechtlicher Verpflichtungen herausgebildet hatten. Die polizeiliche Verwaltung auf dem Land wurde zwischen 1872 und 1945 den Amtsbezirken zugeordnet, von denen es vor 1914 in den 31 brandenburgischen Kreisen 930 gab.

Die Aufsicht des Innenministeriums über die Verwaltung der Stadt Berlin, als politisches Zentrum Preußens und bald auch des Reiches eine Sonderrolle spielte, war im 19. und 20. Jahrhundert wegen ausbleibender Reformen zeitweise kein Glanzstück preußischer Verwaltungskunst. Die Regierungsbefugnisse für Berlin übte seit 1821 der mit weiten Kompetenzen ausgestattete Berliner Polizeipräsident aus. Lediglich kleinere Eingemeindungen der weit ins Umland hineinwachsenden Stadt vollzog der Staat (1841, 1861 und 1881). Dagegen berücksichtigte das Groß-Berlin-Gesetz (1920) das städtische Wachstum der inzwischen vier Millionen Einwohner zählenden Metropole. Die Fläche der Stadt dehnte sich somit zwischen 1825 und 1920 von 14 auf 878 Quadratkilometer aus. Der Verlust an Gebietsfläche betrug für die Provinz etwa 2,2 Prozent.

Die vierteilige Gliederung prägte die Verwaltung der Provinz Brandenburg und der Stadt Berlin bis zur Auflösung Preußens in den Jahren 1945 und 1947. Während der sowjetischen Besatzung und des beginnenden Aufbaus der SED-Diktatur wurde die Verwaltung auf vielen Ebenen grundlegend verändert.

Harald Engler

Literatur: G. Heinrich u. a. (Hg.): Verwaltungsgeschichte Ostdeutschlands 1815–1945, Stuttgart usw. 1992 (v.a. S. 677–829); W. Vogel: Brandenburg (= Grundriss zur deutschen Verwaltungsgeschichte 1815–1945), Marburg/Lahn 1975; G. Heinrich: Verwaltungsgliederung 1815–1945, 1967 (= Historischer Handatlas, Lfg. 24); Kr. Hübener (Hg.): Preußische Verwaltungen und ihre Bauten 1800–1945, Potsdam 2001; Dies. u. K. Adamy: Geschichte der brand. Landtage, Potsdam 1998.

Verwaltung 1945–1990.

Die Sowjetische Militäradministration (SMAD, Berlin-Karlshorst) behielt zunächst die preußischen Provinzen als Verwaltungseinheiten bei. Mit der formalen Auflösung des Staates Preußen durch den Alliierten Kontrollrat (Oberstes Organ der Siegermächte in Deutschland mit Sitz im Amerikanischen Sektor Berlins) 1947 verschwanden – zusammen mit der Bezeichnung „Provinz Brandenburg" – die vorläufigen provinzialen Verwaltungen. An deren Stelle traten die „Länder". Sie wurden nach dem verkündeten „Aufbau des Sozialismus" (23. Juli 1952) aufgelöst und durch 14 Bezirke sowie Ost-Berlin ersetzt. Gleichzeitig wurden mit hohem Kosten- und Verwaltungsaufwand die bisherigen durch kleinere, besser kontrollierbare Kreise ersetzt. In den drei brandenburgischen Bezirken entstanden – ohne Beachtung historischer Gegebenheiten – aus 21 Groß- und zwei Stadtkreisen 41 kleinere neue Kreise.

Das Land Brandenburg wurde durch die Bezirke Potsdam, Frankfurt (Oder) und Cottbus ersetzt. Doch waren Land und neue Bezirke nicht deckungsgleich. Die SED-Planer zerschnitten die historischen Landschaften Brandenburgs und gliederten sie auch Bezirken an, die außerhalb des Landes lagen. Teile der westlichen Prignitz (Kreis Perleberg) kamen an den Bezirk Schwerin und Gebiete der nördlichen Uckermark (Kreise Templin und Prenzlau) an den Bezirk Neubrandenburg. Gleichzeitig fügte man den Bezirken zu, was nicht zu Brandenburg gehörte, so das Gebiet um Fürstenberg im Norden (Land Mecklenburg), ein Stück Vorpommern (Gartz) oder Landstriche am Südrand der Niederlausitz.

Berlin wurde zum Sondergebiet erklärt und von den Siegermächten kommandiert. Zwar hatte die Rote Armee das Stadtgebiet erobert, doch nach dem 2. Juli 1945 kamen amerikanische, britische und auch französische Truppen in die Hauptstadt. Sie bestand fortan aus acht Ost- und zwölf West-Bezirken. Deren Ober-Verwaltung sollte einvernehmlich von der „Alliierten Kommandantura" ausgehen, in der die Stadtkommandanten zu Verhandlungen zusammentrafen. Tatsächlich führte die Verschärfung des Kalten Krieges alsbald zu deutlichen Gegensätzen zwischen sowjetischer und westalliierter Seite. Als Reaktion auf das Auseinanderbrechen des Alliierten Kontrollrats und die Durchführung einer Währungsreform im Westteil Berlins am 20.6.1948 (im Ostteil desgleichen am 24.6.1948) verhängte die Sowjetunion eine Blockade der Westsektoren. Angesichts des entschlossenen Widerstandes der Westmächte („Berliner Luftbrücke") wurde die Blockade im Mai 1949 wieder aufgehoben. Die Teilung der Stadt im Herbst 1948 war jedoch nicht mehr zu verhindern. Magistrat und Stadtverordnetenversammlung verlegten ihren Sitz im September 1948 in das westliche Rathaus Schöneberg. Die SED behielt die kommunalpolitische Unter-Verwaltung im Roten Rathaus im Sowjetischen Sektor („Ost-Sektor"). Für lange Jahre blieb es West-Berlinern verwehrt, unkontrolliert ins Umland zu fahren.

Berlin (Ost) war völkerrechtlich nicht Bestandteil der 1949 gegründeten DDR. Dennoch wurde es als Hauptstadt der DDR bezeichnet und zum repräsentativen Machtzentrum ausgebaut. Besatzungsrechte, wie die Bewegungsfreiheit alliierten Personals, blieben indessen unangetastet. Nachdem 1958 die sowjetische Forderung nach Umwandlung West-Berlins in eine „freie entmilitarisierte Stadt" eine neue Berlin-Krise ausgelöst hatte, führte der Druck des Flüchtlingsstroms aus der DDR am 13.8.1961 zum Bau der Mauer, um West-Berlin vollständig abzuschnüren. Fluchtversuche beantwortete die Ostseite mit Gewaltmaßnahmen („Schießbefehl").

Die West-Alliierten förderten seit 1950 die Anbindung West-Berlins an das politische und wirtschaftliche System der Bundesrepublik. Die Verfassung von 1950 wies Berlin (West) als Land der Bundesrepublik aus, dessen staatsrechtliche Vertretung jedoch in der Verfassungswirklichkeit von der Bundesregierung in Bonn wahrgenommen wurde. Die Hoheitsgewalt über Berlin (West) wurde jedoch grundsätzlich von den Westalliierten ausgeübt: Die Vertreter des West-Teils der Stadt im Bundestag (vom Berliner Abgeordnetenhaus gewählt) und im Bundesrat hatten kein volles Stimmrecht. Bundesgesetze bedurften zu ihrer Gültigkeit in Berlin (West) der Zustimmung des Berliner Abgeordnetenhauses (Berlin-Klausel). Stabilisiert wurde die Lage Berlins mit dem Viermächteabkommen vom 3. 9. 1971, das am 3. Juni 1972 zusammen mit dem „Transitabkommen" in Kraft trat. Erst die Wiederherstellung der Einheit 1989/90 beendete auch für die Verwaltungsgliederung die Besatzungs- und Nachkriegszeit, die der Bevölkerung Lasten und Kosten in bislang unbekannter Höhe aufgebürdet hat.

Harald Engler

Literatur: D. Kotsch: Das Land Brandenburg zwischen Auflösung und Wiederbegründung, Berlin 2001; H. Mielke: Die Auflösung der Länder in der SBZ/DDR, Stuttgart 1995; A. Schlegelmilch: Hauptstadt im Zonendeutschland. Die Entstehung der Berliner Nachkriegsdemokratie 1945–1949, Berlin 1993; B. Fait: Brandenburg. In: SBZ-Handbuch, 1993, S. 80–102; W. Ribbe: Vom Viermächteregime zur Bundeshauptstadt (1945–2000). In: Ders.: Geschichte Berlins, 2003, S. 1025–1208; D. Pohl: Justiz in Brandenburg 1945–1955, München 2001; E. Engel: Neue Städte des 20. Jhdts. in Brandenburg. In: JBLG 53 (2002), S. 122–148.

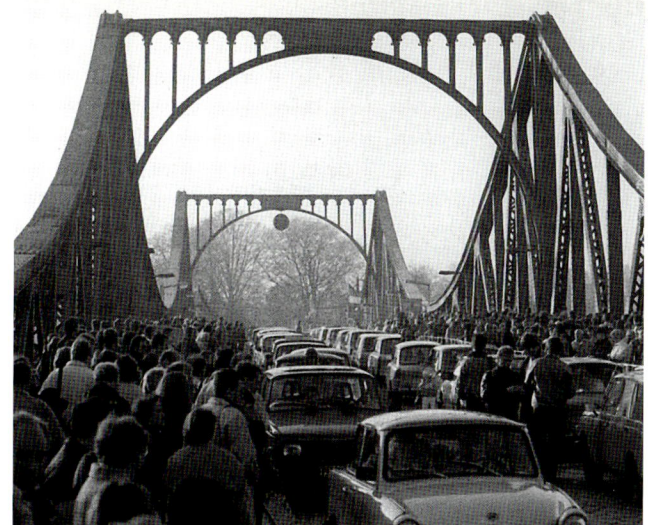

Glienicker Brücke, November 1989
Glienicker Brücke, Luftaufnahme, 1985

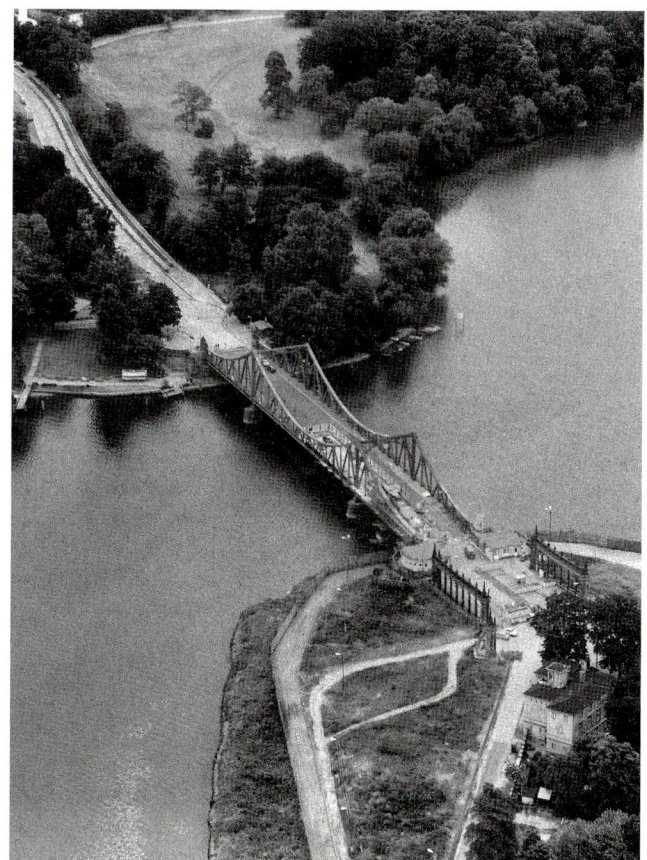

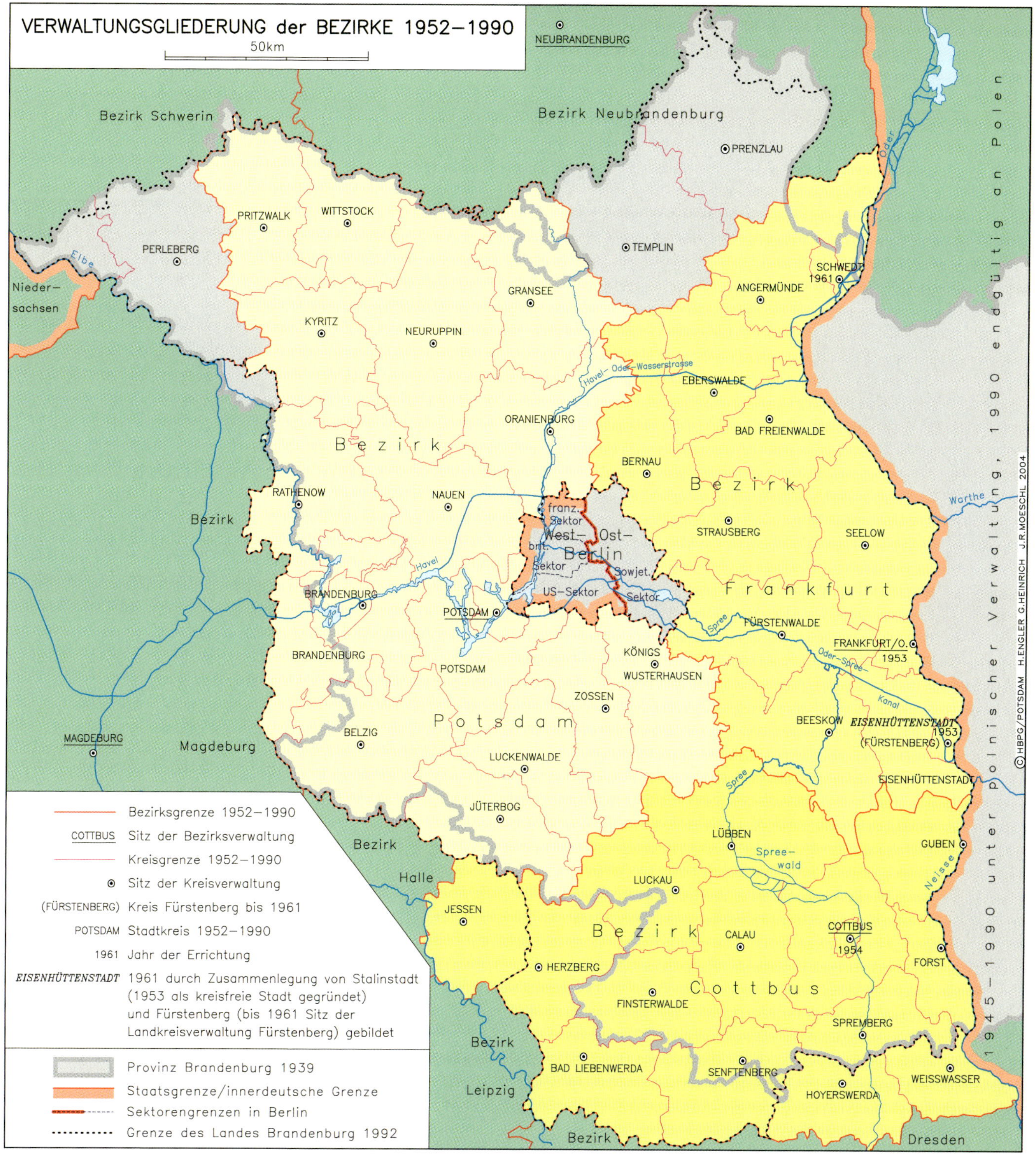

VERWALTUNGSGLIEDERUNG der BEZIRKE 1952–1990
50km
NEUBRANDENBURG
Bezirk Schwerin
Bezirk Neubrandenburg
PRENZLAU
TEMPLIN
PRITZWALK
WITTSTOCK
PERLEBERG
GRANSEE
Elbe
Nieder–
sachsen
KYRITZ
NEURUPPIN
ANGERMÜNDE
SCHWEDT
1961
Havel–Oder–Wasserstrasse
EBERSWALDE
BAD FREIENWALDE
ORANIENBURG
Bezirk
BERNAU
Bezirk
RATHENOW
NAUEN
franz. Sektor
West–
Ost–
Berlin
brit. Sektor
Sowjet. Sektor
US–Sektor
Havel
STRAUSBERG
SEELOW
Warthe
Frankfurt
BRANDENBURG
POTSDAM
Spree
FÜRSTENWALDE
FRANKFURT/O.
1953
Oder–Spree–Kanal
KÖNIGS WUSTERHAUSEN
BRANDENBURG
POTSDAM
ZOSSEN
Potsdam
BEESKOW
EISENHÜTTENSTADT
1953
(FÜRSTENBERG)
MAGDEBURG
Magdeburg
BELZIG
LUCKENWALDE
EISENHÜTTENSTADT
JÜTERBOG
Bezirk
Halle
LÜBBEN
Spree–wald
GUBEN
Neisse
LUCKAU
JESSEN
Bezirk
CALAU
COTTBUS
1954
Cottbus
HERZBERG
FORST
FINSTERWALDE
SPREMBERG
Bezirk
Leipzig
BAD LIEBENWERDA
SENFTENBERG
HOYERSWERDA
WEISSWASSER
Bezirk
Dresden
Oder
Polen
1945–1990 unter polnischer Verwaltung, 1990 endgültig an Polen
© HBPG/POTSDAM H.ENGLER G.HEINRICH J.R.MOESCHL 2004
Bezirksgrenze 1952–1990
COTTBUS Sitz der Bezirksverwaltung
Kreisgrenze 1952–1990
Sitz der Kreisverwaltung
(FÜRSTENBERG) Kreis Fürstenberg bis 1961
POTSDAM Stadtkreis 1952–1990
1961 Jahr der Errichtung
EISENHÜTTENSTADT 1961 durch Zusammenlegung von Stalinstadt (1953 als kreisfreie Stadt gegründet) und Fürstenberg (bis 1961 Sitz der Landkreisverwaltung Fürstenberg) gebildet
Provinz Brandenburg 1939
Staatsgrenze/innerdeutsche Grenze
Sektorengrenzen in Berlin
Grenze des Landes Brandenburg 1992

Eisenbahnnetz. 1838–1970.

„Die Lokomotive ist der feurige Vorläufer der Freiheit und Einheit in allen Ländern. Ihr Pfeifen sei Signal zur friedlichen Umwälzung des Staates, ja – sagen wir es deutlicher – zu einer friedlichen Revolution aller socialen und politischen Verhältnisse." Als Albert Borsig, Sohn und Nachfolger des Firmengründers August Borsig seine Rede zum 25-jährigen Jubiläum der Maschinenfabrik in Berlin begann, war die von ihm erhoffte „friedliche Revolution" bereits in vollem Gang. Statt jener dreizehn Lokomotiven aus preußisch-deutscher Produktion, die im Jahre 1840 auf wenigen Bahnkilometern fuhren, verkehrten 1865 bereits über 1500 dieser Dampfmaschinen auf Rädern. Jedes Jahr erweiterte sich die Zahl der Schienenkilometer, die zu einem engmaschigen Schienennetz verknüpft wurden. 1865 umfasste die Betriebslänge der deutschen Eisenbahnen knapp 15.000 Kilometer, eine auch im Vergleich der europäischen Staaten erreichte Rekordzahl, die schließlich bis 1914 auf über 60.000 Kilometer gesteigert werden konnte.

Als Kernland Preußens blieb Brandenburg von dieser, die industrielle Revolution fortan tragenden Entwicklung nicht unberührt. Dabei folgte der seit 1838 mit Privat-, dann auch mit Staatskapital betriebene Aufbau des Eisenbahnnetzes keinem einheitlichen Plan. Er vollzog sich vielmehr – wie auch der Ausbau des übrigen Verkehrsnetzes – in Etappen. Die Fortschritte im Ausbau hingen wesentlich von der Erfindung und ständigen technischen Verbesserung der Dampfmaschine ab. Denn sie ermöglichte nicht nur den Bahnverkehr, sondern ersetzte auch in vielen anderen Wirtschaftsbereichen die bis dahin üblichen, durch Mensch und Tier gestellten Antriebskräfte. Die daraus folgende Entfesselung der Produktion bedurfte dringend der Eisenbahn, um die in größerer Zahl hergestellten Waren in einem wachsenden Wirtschaftsraum in die Märkte zu bringen. Nicht zuletzt waren einer stetig größer werdenden Industrie die Arbeiter für immer mehr Maschinen in den Fabrikhallen zuzuführen. Der Eisenbahnbau selbst gründete sich wiederum auf eine für ihn notwendige Eisen verarbeitende Industrie, die ihre Fertigungsstätten für Lokomotiven, Waggons, Hilfsmaschinen und Schienen dem sprunghaft ansteigenden Bedarf anzupassen hatte.

Diesem Verlauf von Eisenbahnbau und Industrialisierung folgte auch die Entwicklung in Brandenburg. Nach der Eröffnung der ersten Bahnstrecke in Preußen zwischen der Hauptstadt und Potsdam 1838, stieg Berlin rasch zum Eisenbahn-Knotenpunkt in Mitteleuropa auf. Zehn Jahre später konnte ein Reisender von Brandenburg aus den gesamten Staat Preußen diesseits der Oder mit dem schnellen Verkehrsmittel erreichen. Der Strecke von Berlin über Angermünde hatte überdies bereits 1842/43 den für den Berliner Wirtschaftsraum bedeutungsvollen Zugang zum Ostseehafen Stettin geöffnet.

Die Entscheidung, welche Städte samt Umland durch das Schienennetz verbunden werden sollten, sprach in vielen Fällen zugleich das Urteil darüber, welche Region wirtschaftlich und kulturell eine Zukunft hatte. Es waren vier Faktoren, die hierfür die Entscheidungsgrundlagen lieferten: Das Vorkommen von Bodenschätzen, wie etwa der Tonlager bei Zehdenick, die im Bauboom der Gründerjahre die Hauptstadt mit Ziegeln versorgten; die solche Bodenschätze verarbeitende Industrie, wie etwa der Braunkohle-Bergbau um Cottbus; der aufkeimende und sich im letzten Drittel des 19. Jahrhunderts zum Wirtschaftsfaktor entwickelnde Tourismus, der z.B. den Spreewald erschloss; und schließlich die Bedeutung Berlin-Brandenburgs als Militärlandschaft, in der der Transport von Soldaten und Gerät zu Manöverplätzen ebenso zu sichern war wie im Mobilmachungsfall der Aufmarsch der Berlin-Brandenburger Divisionen. Hinzu kamen im Umfeld der neuen Industriestandorte Industriebahn-Anschlüsse, aber auch immer weitere Verbesserungen im Vorort-Verkehr, an dem entlang sich Vorort-Siedlungen entfalteten.

Mit der Niederlage Deutschlands wurde das in Jahrzehnten aufgebaute Schienennetz Brandenburgs zerrissen. Neben den Zerstörungen im Frühjahr 1945 waren es die zahlreichen Demontagen der sowjetischen Besatzungsmacht, die den Bahnverkehr beeinträchtigten. In den fünfziger Jahren verlangten die neuen Industriezentren, etwa in Eisenhüttenstadt oder in der südlichen Niederlausitz („Schwarze Pumpe"), den neuerlichen Ausbau des Schienennetzes. Der Mauerbau um West-Berlin schien 1961 die gewachsene Struktur der Bahn auseinanderbrechen zu lassen. Mit der Wiedervereinigung konnte jedoch zusammengefügt werden, was zusammengehörte. Wenngleich in starker Konkurrenz zur Straße, hat die Bahn auch infolge der ICE-Modernisierungen ihren hohen Wert für die Industrie- und Agrarlandschaften zwischen Oder und Elbe behalten.

Gerd Heinrich

Literatur: G. Stahr: Eisenbahnen in Preußen 1838–1920. Entwicklung des Streckennetzes. Erläuterungstext (zur Karte: Kartenwerk zur Preußischen Geschichte, Lfg. 4), Berlin 1995 (mit umfangreichen Quellen- u. Lit.-Angaben); H. Methling: Die Entwicklung des Eisenbahnnetzes (1838–1966), 1966 (= Historischer Handatlas, Lfg. 22; verkl.). Siehe Ausschnitt Berlin auf Seite 40.

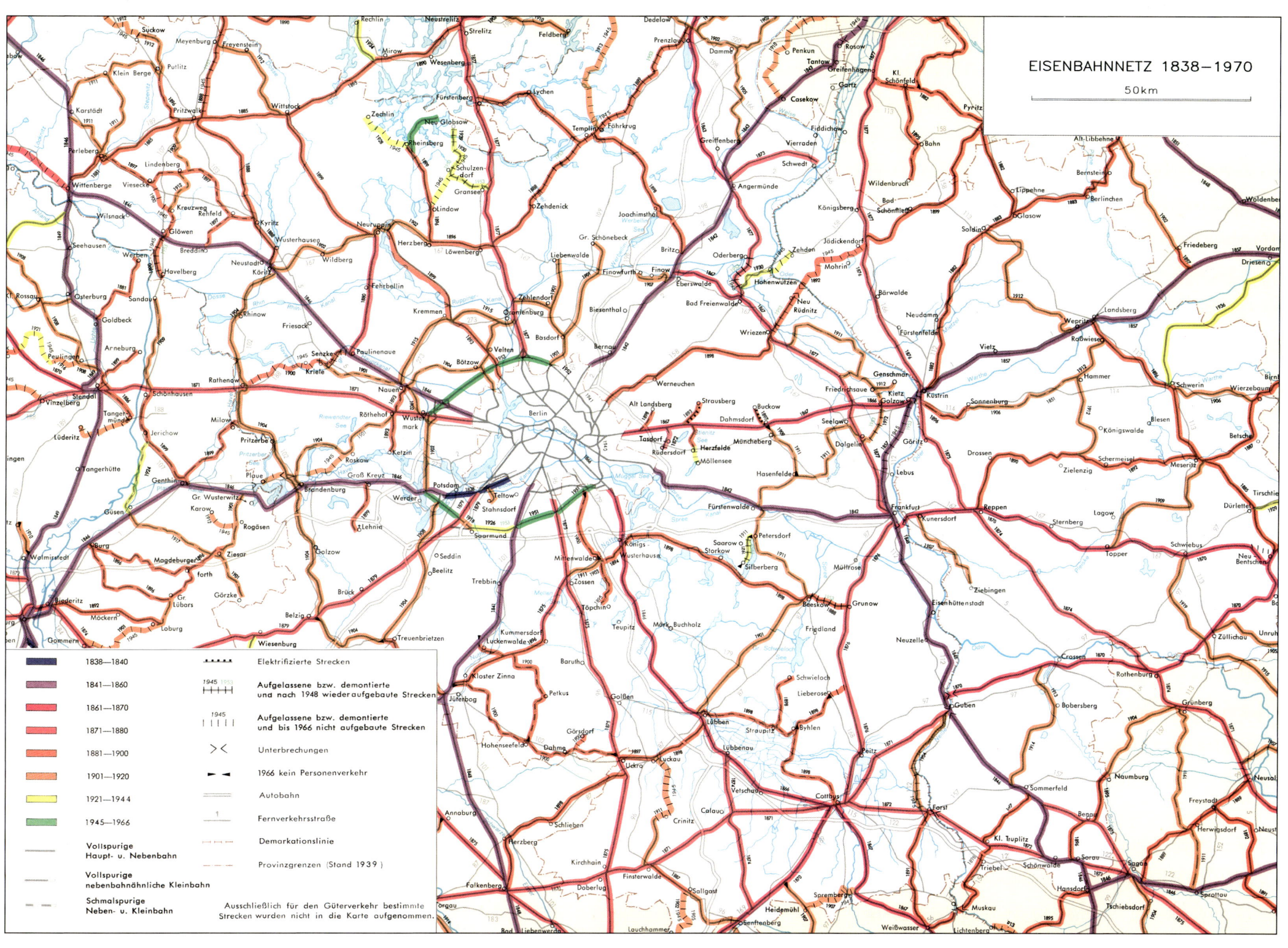

Der Aufstieg Potsdams. 1780. 1845. 1927.

Seit dem 17. Jahrhundert entwickelte sich Potsdam zu einem politischen und kulturellen Zentrum. Sein Aufstieg zeigt, was auf kargem Boden inmitten der ostdeutschen Urstromtäler von den Menschen in harter Arbeit geschaffen werden kann.

Die 993 genannten Orte (locus Poztupimi) sind von Flüssen und Seen umgeben. Von einer Burg aus bewachte man den Schiffsverkehr. An der Ost-West-Straße entstand ein kleiner Markt nebst Siedlung. Spätestens seit 1157 dürfte sich ein deutscher Burgvogt der askanischen Markgrafen in der slawischen Wallanlage und dann in einer größeren Holz-Erde-Burg am Havelufer aufgehalten haben. Anfang des 14. Jahrhunderts wird Potsdam „Städtchen" mit Havelbrücke (in der Nähe des „Alten Marktes") genannt. Im 16. Jahrhundert diente die Burg den Kurfürsten u. a. als Jagdschloss. Im Kriegsjahr 1640 waren von 198 Häusern 119 zerstört oder unbewohnt.

Unter Kurfürst Friedrich Wilhelm (1620–1688) begann 1661 nach holländischem Muster der Neubau des Schlosses nebst Lustgarten und Orangerie (1685), wo dieser 1688 starb. Der Begründer der vierten Residenz der Brandenburger (neben Berlin, Königsberg und Kleve) erließ von hier aus das Potsdamer Edikt (1685). Mit einer „Delfter" Fayencefabrik und einer holländischen Seidenfabrik begann damals der Aufstieg zu einem vielseitigen Gewerbe- und schließlich Industrieort.

Im Auftrag der Kurfürsten und Könige förderten die Regierungen und Behörden im 18. Jahrhundert den Ausbau Potsdams, das seit 1713 eine große Garnison erhielt. In rascher Folge entstanden Gewehrfabrik (1722), Militärwaisenhaus (1722), Garnisonkirche (1721, 1731 ff.), eine katholische Fachwerk-Kirche (1722), der Betsaal der Mohammedaner, die Moskowiter-Kirche (1734) und die Heilig-Geist-Kirche (1726). Das Stadtgebiet erweiterte sich von 43 auf 143 Hektar. In 1.150 Häusern lebten um 1750 etwa 12.000 Zivilpersonen und 8.000 bis 9.000 Soldaten.

Um 1780 hatte die Bevölkerung weiter zugenommen. Damit erhöhte sich auch die Zahl der armen Leute. Sie waren als Manufakturarbeiter oder als Weber und Spinner (Nowawes) in das Amtgebiet gekommen und lebten vielfach am Rande des Existenzminimums, insbesondere im Verlauf großer und kleiner Wirtschaftskrisen. Zu ihren ständigen Mitbürgern gehörten die Waisen und unehelichen Kinder der „Soldatenliebchen". Bereits um 1750 waren 4.630 unverheiratete Soldaten in Bürgerhäusern („Soldatenstuben") einquartiert. Die 856 verheirateten Soldaten wohnten hingegen – wie auch in anderen Garnisonstädten – überwiegend in neuen Kasernen-Häusern, Stube an Stube gelegen. Soldatenfrauen und Soldatenkinder mussten in verschiedenen Gewerben als Tagelöhner oder Dienstboten arbeiten. Nach den Kriegen mit Epidemien blieben Witwen und halbverwaiste Kinder auf Armenkassen und milde Stiftungen der Kirchen und Bürger angewiesen.

Die besser gestellten Bewohner hatten in den neu hergerichteten Häusern mit den Zuschüssen des Königs die Fassaden aufwendig zu gestalten, zugleich aber die Lasten der Einquartierung oder der Quartiergelder zu tragen. Gleichwohl verbesserte sich die Lebensqualität in Potsdam nun stetig, weil durch zugereiste Ausländer und Marktbesucher, aber vermehrt auch durch neue Bauaufträge Geld in die Stadt kam und Arbeitsplätze geschaffen wurden. Seit 1763 wurde am Neuen Palais gebaut, Behördenhäuser entstanden, und um 1780 begann man eine „Stadtsanierung". Unter König Friedrich Wilhelm II. setzten sich Verschönerungen der Residenz mit dem Marmorpalais im Neuen Garten oder auch dem Bau des Schauspielhauses von Langhans (1793–1798) fort.

1815, nach den anhaltenden Wirren, Belastungen und Kriegsfolgen der durch Napoleons Invasion bestimmten Zeit, wurde unter Friedrich Wilhelm III. der Ausbau der Schlösser und Gärten nunmehr vor allem unter Schinkels Leitung weitergeführt. Seit 1817 arbeitete die berühmte Oberrechnungskammer für die Kontrolle der Staatsfinanzen im friderizianischen Viertel. Von 1826–1829 entstanden am Rande des Parks von Sanssouci Schloss Charlottenhof, die Römischen Bäder, dazu Prinzenbauten in Klein-Glienicke und etwas später das Schloss in Babelsberg (von Persius).

Um 1845 stellte sich Potsdam den auswärtigen Betrachtern als ein Nebeneinander von Residenz, Verwaltungszentrum, Garnison und Gewerbestadt dar. 1838 fuhr die erste Eisenbahn nach Berlin. Friedrich Wilhelm IV. begrüßte diese Verbindung an der Schwelle zur Hochindustrialisierung. Adolph von Menzel hat den Zug in einem Gemälde festgehal-

Potsdam, Stadtschloss, Havelseite (erbaut 1664–1752)

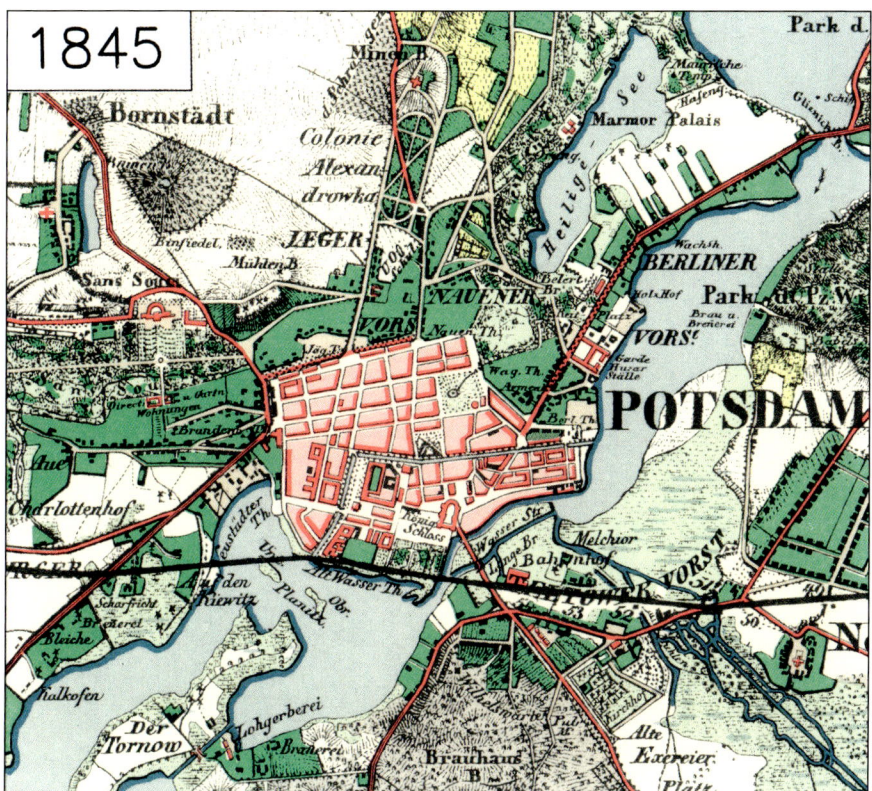

ten. 1846 schon reiste man erstmals von Potsdam weiter nach Magdeburg. Zwei Jahre vor der Märzrevolution 1848, noch inmitten einer wirtschaftlichen Notzeit, wurde Potsdams Landschaft auf Bildern und in Reiseführern verherrlicht: Man lobte und liebte das Wechselspiel der Soldaten- und Beamtenstadt mit dem ausgedehnten, von kundigen Hofgärtnern gepflegten Park von Sanssouci, die ländliche Idylle der Randdörfer wie Bornstedt (Friedhof und Krongut) und Bornim, mit neuen Kirchen der Schinkel- und Stülerzeit an Seen und Havelbuchten, die Schlösser nahe den Mühlen der Gutshöfe. Die Residenzlandschaft bot sich bevölkert mit Uniformierten und Zivilisten aller Stände dar.

Das künstlerische Bauen auf der Kulturinsel kam zu einem gewissen Abschluss, nachdem man für den späteren Kaiser Wilhelm I. seit 1835 Schloss Babelsberg mit seinen Parkanlagen errichtet hatte. So war die Königsstadt an der Havel, in der Herrscher und Prinzen und deren Gesellschaften bis 1918 Hof hielten, bereits umgeben von einer bedeutenden, vielschichtigen und ausblickreichen Architektur-Landschaft. Sie suchte ihresgleichen in Preußen.

Das gleiche Bild zeigt die Stadtlandschaft auf der Karte von 1927. Vorstädte und Randorte waren weiter gewachsen und dehnten sich auch während der Weimarer Zeit trotz wirtschaftlicher Notlage aus. Die alte Rüstungsindustrie bildete längst nicht mehr einen Haupterwerbszweig. Auch die Garnison war angesichts der durch den Versailler Vertrag bestimmten Truppenreduzierung allenfalls noch ein Schatten früherer Größe. Neben der Landespolizei stand hier nur das aus einer Reichswehrbrigade hervorgegangene traditionsreiche Preußische Infanterie-Regiment Nr. 9, das am Lustgarten stationiert war. In die prächtig gebaute Kriegsschule auf dem Brauhausberg (1859) zog nach dem Ersten Weltkrieg das Reichsarchiv mit Heeresarchiv ein. In Babelsberg arbeiteten die leistungsfähigen Lokomotivwerke von Orenstein & Koppel. Berühmte Filme entstanden von Jahr zu Jahr auf dem Produktionsgelände der UFA (= Universal-Film AG). Unverändert empfing die Siedlungslandschaft vielfältige Impulse aus dem näher gerückten Berlin. Nicht nur einfache Pensionäre, sondern auch vermögende Berliner, Bankiers und Rentiers, schufen sich zwischen Nedlitz und Wilhelmshorst ein stilleres Zuhause, wenn sie nicht ältere elegante Villen an der Havel oder am Neuen See zu beziehen vermochten. 1927 lebten in Potsdam selbst etwa 90.000 Einwohner. In dem durch Eingemeindungen (1935) erweiterten Stadtgebiet wohnten hingegen 1939 fast 136.000 Menschen. In dieser Zahl drückt sich die rapide Zunahme der Garnison- und Rüstungslandschaft seit 1933 aus.

Obwohl in der Nacht vom 14. zum 15. April 1945 größere Teile des historischen Stadtkerns zerstört oder schwer beschädigt wurden (856 vernichtete, 248 beschädigte Gebäude), blieb Potsdam mit seinen weithin berühmten Kunstdenkmälern und seiner einzigartigen Kulturlandschaft erhalten. Die Stadt erfreut sich in der Gegenwart trotz geringer Finanzmittel und einer bisher ungeklärten Perspektive für die Potsdamer Mitte einer intensiven Denkmalpflege und im In- und Ausland hoher touristischer Aufmerksamkeit. Die Residenz Friedrichs des Großen und seiner Nachfolger gehört zu den größten Schätzen, die Staat und Dynastie in Preußen der Nachwelt hinterlassen haben.

Gerd Heinrich

Quellen und Literatur: D. Geßner: Potsdam-Bibliographie, 1993; G. Heinrich (Hg.): Berlin und Brandenburg, 1995, S. 313–319 (Lit.: W. Vogel); D. Kotsch: Potsdam. Die preußische Garnisonstadt, Braunschweig 1992; B. Kroener u. H. Ostertag (Hg.): Potsdam, Frankfurt am Main und Berlin 1993; Sonderheft: Einhundert Augenblicke. Potsdam im 20. Jahrhundert, Potsdam-Museum 1999; W. Scharfe: Potsdam 1780–1845–1927, 1972 (= Historischer Handatlas, Lfg. 38; veränderter Ausschnitt); M. Seiler u. a.: Insel Potsdam, Berlin 1991. – Die Karten 1780 und 1927: siehe die Vorsatz- und Nachsatzblätter

Garnisonen und Truppengattungen. 1914 und 1939.

Seit dem 17. Jahrhundert verfügte Brandenburg über Garnisonen, seit ca. 1750 über erste Kasernen. Den Belastungen durch das Militärleben standen ökonomische und gesellschaftliche Vorteile gegenüber. Auf Dauer verwuchsen viele Regimenter mit ihren Garnisonsorten (u. a. Schwedt/Oder, Neuruppin, Prenzlau). Die modernen ziegelroten Kasernenbauten mit Reithallen und Magazinen wurden seit 1850 errichtet. Dabei wurde die Militärlandschaft um Berlin besonders gefördert, zumal die Truppenteile, Offiziere und Generalität in einem engen Verhältnis zum Herrscher als oberstem Kriegsherrn standen.

Vor 1914 lag im Dreieck Berlin – Spandau – Potsdam das Gardekorps als Elite-Verband. Insgesamt befanden sich damals in der Berliner Zentrallandschaft 23 Kasernen, neun Lehranstalten, darunter die Hauptkadettenanstalt in Lichterfelde. Für die Verpflegung entstand in Spandau eine Militär-Backanstalt. In Potsdam bestand die Garnison aus sieben Garderegimentern, einem Lehrbataillon, der Leibgendarmerie, zwei aufwendigen Militärschulen, einer Kadettenanstalt und dem Großen Militärwaisenhaus.

Die erhöhte Reichweite der Geschütze und die Motorisierung erforderten über die Exerzierplätze hinaus Manöverflächen. Sie entstanden in Döberitz, vor allem aber im Süden bei Zossen, Wünsdorf, Kummersdorf und als Artillerie-Schießplatz in Jüterbog nebst den Gleisanschlüssen (Militäreisenbahn). Die Truppenlager im Umkreis der Hauptstadt konnten bis zu 80.000 Mann aufnehmen. Von 1914 bis 1918 wurden dort Gefangenenlager eingerichtet.

Die Karte für 1914 zeigt neben den Standorten der klassischen Waffengattungen auch die der Verkehrstruppen und der Flieger. Die Verkehrseinheiten umfassten Versorgungs-, Eisenbahn- und die Kraftfahrer- und Nachrichtentruppen. Seit 1910

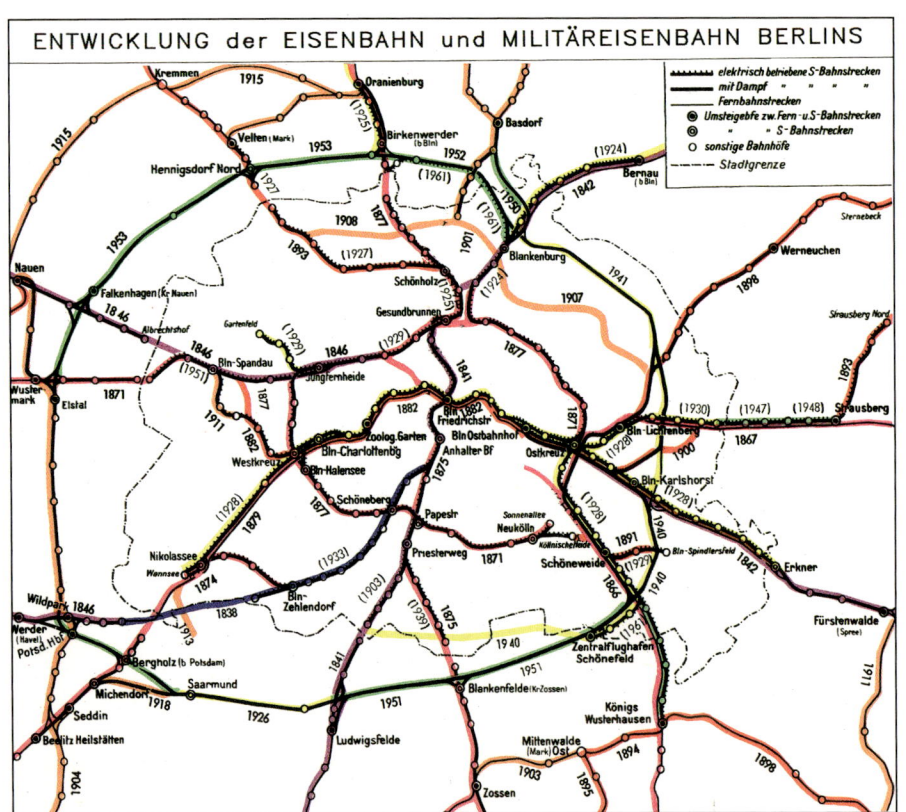

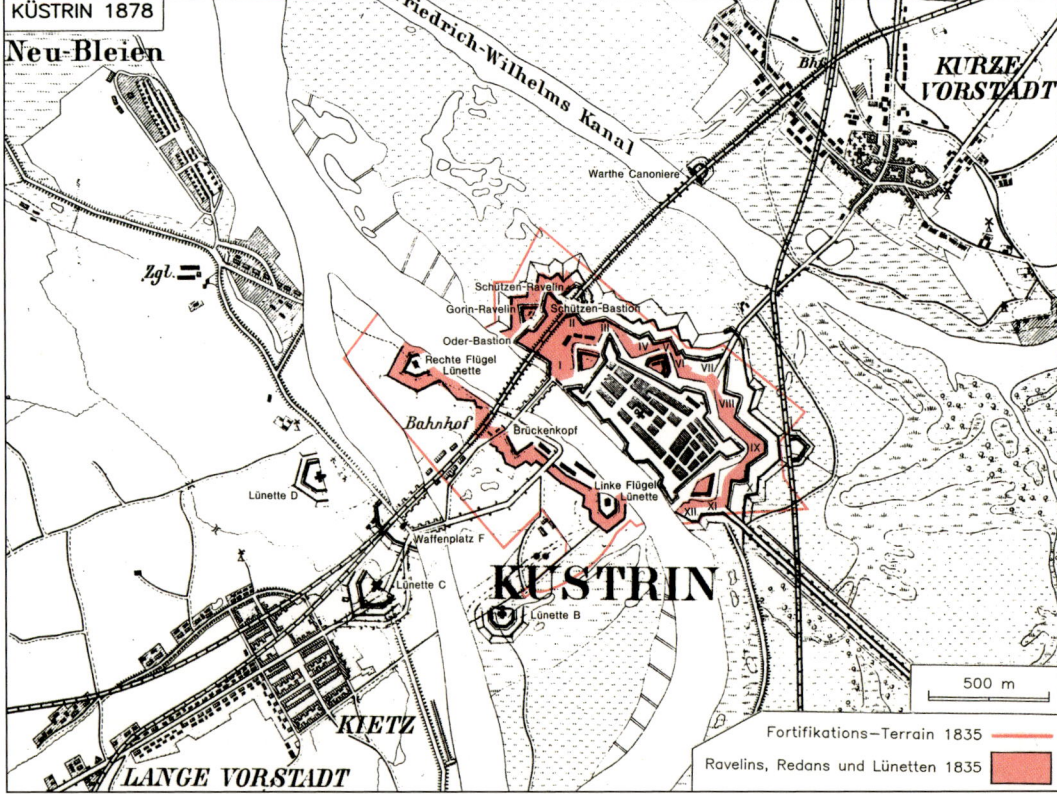

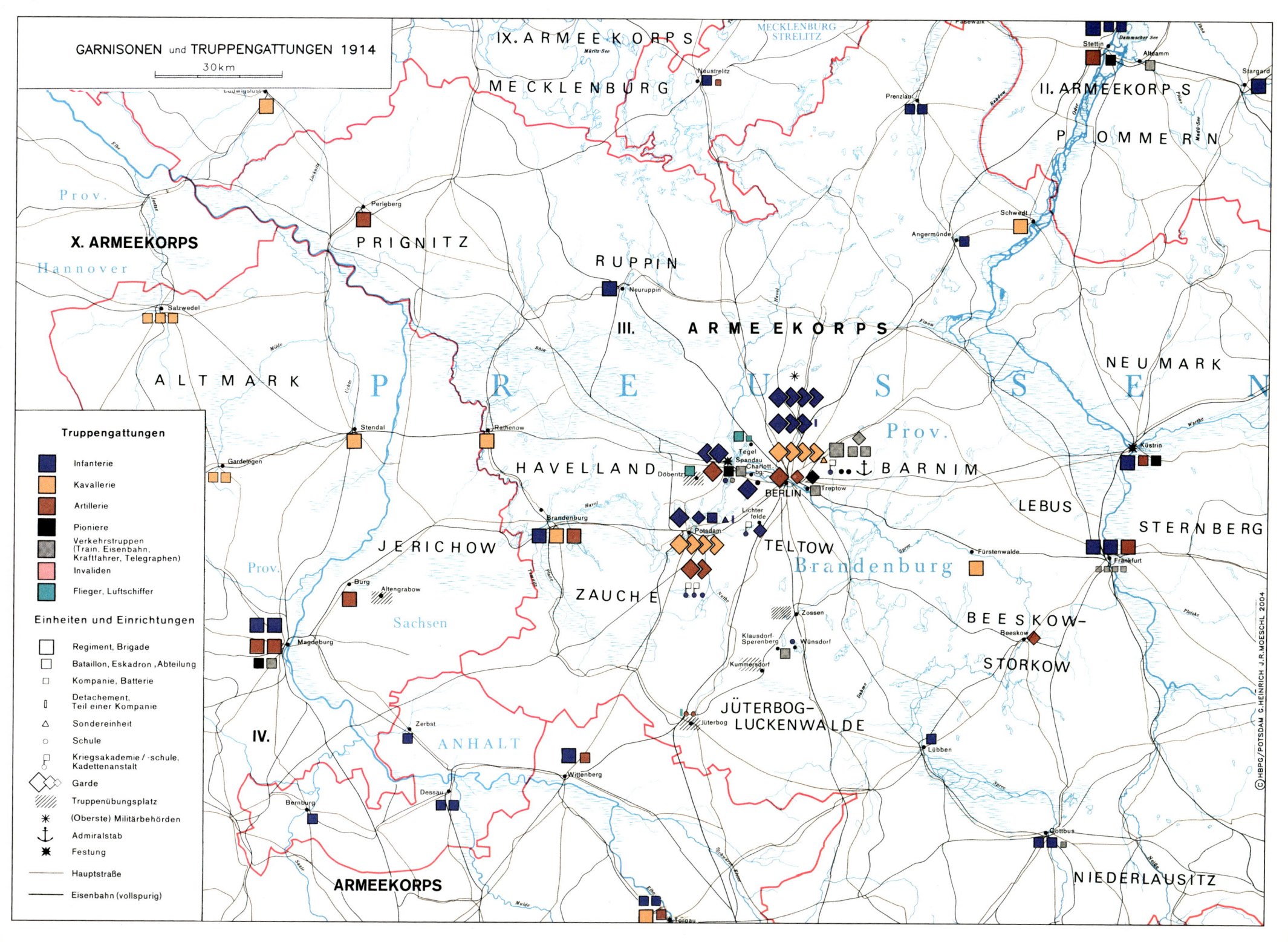

Königstor-Kaserne in Neuruppin (1880 erbaut), 1906

Soldaten des Neuruppiner Regiments 24, um 1914

Kriegsschule in Potsdam, um 1935

wurden das Truppenlager Zossen und die Infanterie-Schule in Wünsdorf erbaut. Die Armee war bemüht, für ausgediente Soldaten Arbeitsmöglichkeiten im Zivilleben zu schaffen. Deshalb entstand u. a. in Wünsdorf 1917 die Zentral-Turnanstalt für Militär- und Zivillehrer.

Der Vertrag von Versailles (1919) schrieb dem Reich ein Heer von 100.000 Mann vor. Viele Standorte mussten geschlossen werden. Polizei, Behörden oder Privatbetriebe zogen in Kasernen ein. Anderes blieb ungenutzt oder diente der Ausbildung von Reservisten und dem Einlagern von Waffen. 1932/33 begann die Aufrüstung der Reichswehr mit einer kaum vorstellbaren Geschwindigkeit und Bautätigkeit. Alle für das Militär verwertbaren Gebäude wurden bis 1939 in Betrieb genommen. Seit 1935, mit der Wehrpflicht, entstanden 25 Kasernen und zehn erweiterte Flugplätze. In Berlin und Umgebung befanden sich die höchsten Kommando-Behörden der Wehrmacht. Die Luftwaffenführung baute Wildpark bei Potsdam aus („Kurfürst"). Das Heer verfügte im Lager Zossen über ein hochmodernes Zentrum. Es wurde 1945 mit betriebsbereiten Anlagen von der Sowjetarmee übernommen.

In Brandenburg dürften vor 1939 mehr als 130.000 Mann Heerestruppen, Luftwaffe und Verfügungstruppen der SS gelegen haben. Die Verbindungen zwischen den an Provinzen und Länder gebundenen Wehrkreisen waren so dicht, dass von einer brandenburgischen Entwicklung nicht gesprochen werden kann.

Andererseits aber erlebten Brandenburger und Berliner als Nutznießer und Betroffene die Aufrüstung, deren wirtschaftliche Grundlagen sich dann bei Kriegsende zum Schaden und Nachteil vieler Regionen und Städte auflösten.

KÜSTRIN

Die neumärkische Immediatstadt an der Warthemündung wurde 1536 von Markgraf Johann zur Residenz erhoben und zu einer der Hauptfestungen, neben Peitz, Spandau und Magdeburg, ausgebaut. Die Einäscherung der Altstadt 1758 konnte den Bastionen nichts anhaben.

Inmitten der Festung und Garnisonstadt lag das Schloß als Verwaltungsgebäude und Kaserne. Die Lange Vorstadt mit dem umgesiedelten Kietz entstand seit 1600 (heute: Küstrin-Kietz); die Kurze Vorstadt entwickelte sich seit 1555 (1907: Neustadt).

1920 wurde mit dem Abbau der Festung begonnen. Im März 1945 war sie umkämpft und wurde zerstört, während die Neustadt (Kostrzyn) erhalten blieb und ca. 14.000 Einwohner zählt.

Gerd Heinrich

Literatur: D. Gaedke: Garnisonen 1859 und 1914; Garnisonen 1932 und 1939. (2 Karten nebst Text), 1978 (= Historischer Handatlas, Lfg. 57 f.; hier ergänzte Ausschnitte); Marksteine, Berlin 2001, S. 396–410 (B. Kroener, Th. Wernicke); G. Heinrich: Hauptstadtraum und Militärlandschaft, 1977, S. 237–249; W. Scharfe: Festungen in Brandenburg, 1980 (= Historischer Handatlas, Lfg. 64); W. Fleischer: Die Heeresversuchsstelle Kummersdorf, 1995. U.-R. Hinze: Der Militärflugplatz Neuruppin 1916–1991, Karwe 2002. – Eisenbahn: siehe Hauptkarte auf S. 37.

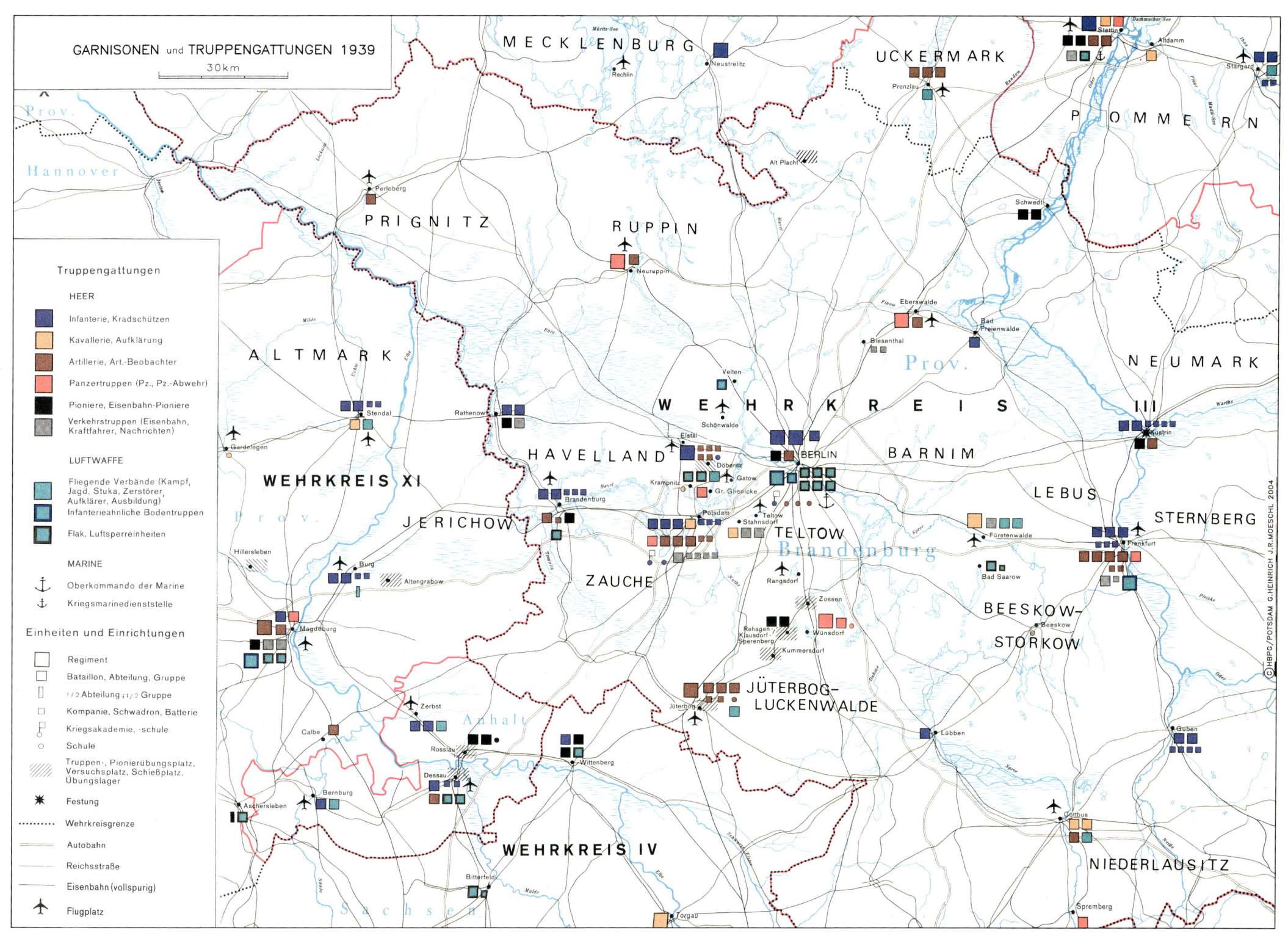

Diktatur und Terror. 1933–1945.

Nach der Ernennung Hitlers zum Reichskanzler am 30. 1. 1933 errichteten die Nationalsozialisten im Reich und in den Ländern mit Terror und Gewalt ein diktatorisches Regime. Sie überzogen das Land mit einem dichter werdenden Netz von Konzentrationslagern, in denen politische Gegner und andere missliebige Personen inhaftiert wurden. Wegen der Nähe zur Reichshauptstadt wurde Brandenburg besonders stark in das System der Unterdrückungen eingebunden. Die NSDAP erhielt bei den Wahlen 1932/33 in Berlin und Brandenburg im Durchschnitt weniger Stimmen als im übrigen Deutschland. Sogar bei den bereits unter starkem Druck veranstalteten Reichstagswahlen vom 5. März 1933 verfehlte die Hitler-Partei in Berlin und in den größeren Städten Brandenburgs die Mehrheit. Die Macht in den Provinzen Berlin und Brandenburg war sogleich an die Gauleiter Goebbels und Kube übergegangen, die sich dann von Jahr zu Jahr stärker in die Arbeit der Regierungsbezirke einmischten. Der Reichstagsbrand vom 27. Februar 1933 bot den Vorwand, die Grund- und Freiheitsrechte weitgehend außer Kraft zu setzen. Vereinzelter Widerstand und verschiedene Prozesse wegen der Übergriffe in der Provinz vermochten nicht das Verbot der anderen Parteien und Gewerkschaften, die Verfolgung verschiedener politischer Gegner und die Entrechtung der jüdischen Bevölkerung aufzuhalten.

Anfang Februar 1933 begannen SA-Schlägertrupps „wilde Lager" einzurichten, in denen Verschleppte misshandelt wurden. Das geschah in Oranienburg und anderen brandenburgischen Städten. In Berlin wurden u. a. alte Kasernen und „Sturm-Lokale" der SA für Verhöre und Folterungen vor allem der Kommunisten verwendet. Auch Sozialdemokraten, bald darauf überzeugte Christen, Angehörige von Sekten oder aus rassistischen Gründen Unerwünschte (Sinti und Roma, Juden) wurden in den Kerkern der Diktatur festgehalten und misshandelt. Die Kirchen, das Militär und auch Traditionsinseln in den verschiedenen Teilen der Bürokratie boten Rückzugs- und Abwartmöglichkeiten, ohne dass damit eine grundsätzliche Gegnerschaft zum Nationalsozialismus verbunden war.

Das Zentrum des Terrorsystems befand sich in der Berliner Innenstadt. Neben der Reichskanzlei und dem Polizeipräsidium waren es vor allem die Gestapo-Zentrale und später das Reichssicherheitshauptamt. Die Konzentrations- und Vernichtungslager wurden von hier aus aufgebaut und geführt. In Brandenburg entstanden 1936/37 das KZ Sachsenhausen (bei Oranienburg) und 1939 das Frauen-KZ Ravensbrück im Norden bei Fürstenberg, wo etwa 30.000 Menschen durch Gewalt, Hunger oder Krankheit zugrunde gingen. Sachsenhausen diente als „Muster und Ausbildungslager" für alle Konzentrationslager im Reich („Inspektion der Konzentrationslager"). Bis April 1945 durchliefen diese Stätte des Grauens wohl mehr als 200.000 Häftlinge aus 40 Staaten. Etwa 100.000 ermordete die SS oder sie starben wegen der unmenschlichen Haftverhältnisse. Das Zuchthaus in Brandenburg-Görden war Teil des Terror-Apparates mit politischen Häftlingen. Überdies töteten willfährige Ärzte in Brandenburg 1940/41 unheilbar Kranke und Behinderte. Mordaktionen geschahen auch in Provinzial-Irrenanstalten. Die Aktionen brach man 1941 nach Protesten aus der Bevölkerung und von beherzten kirchlichen Würdenträgern reichsweit ab; doch setzte sich das Tötungsprogramm in anderer Form stellenweise fort.

Kriegsgefangenenlager befanden sich u. a. in Luckenwalde, Fürstenberg und in Berlin. Die sowjetischen Kriegsgefangenen, zunächst aus ideologischen und wirtschaftlichen Gründen ohne Überlebenschance, erhielten nach Umstellung der deutschen Wirtschaft auf eine längere Kriegsführung ab Ende 1941 einen Wert als Arbeitskraft. Ihr Einsatz sollte bei minimalem Kostenaufwand eine maximale Arbeitsleistung erreichen.

Die Fremdarbeiter aus ost- oder westeuropäischen Ländern erhielten während des Krieges größere und kleinere Lager, die sich nicht vollständig auf einer Karte zeigen lassen. Diese Arbeiter („Zwangsarbeiter") mussten vor allem in der Industrie und Landwirtschaft tätig sein. Auch Gemeinden, Behörden, Kirchen und andere bedienten sich ihrer Arbeitskraft. In Brandenburg gab es im März 1943 260.000 Zwangsarbeiter, in Berlin mehr als 330.000; KZ-Häftlinge arbeiteten in der Rüstungsindustrie (70 KZ-Außenlager). Als im April 1945 die Sowjettruppen heranrückten, zwang die SS etwa 30.000 Häftlinge aus Sachsenhausen und Ravensbrück in einen grauenhaften „Todesmarsch" in Richtung Lübecker Bucht. Letzte Häftlinge befreite die Rote Armee Ende April 1945. Die Besatzungsmacht benutzte bis 1950 Sachsenhausen und andere Lager für die Inhaftierung und Isolierung verdächtiger und unerwünschter Personen (Internierungslager).

Gerd Heinrich

Literatur: G. Morsch (Hg.): Konzentrationslager Oranienburg, Berlin 1994; L. Demps: Die Provinz Brandenburg in der NS-Zeit (1933–1945). In: I. Materna u. W. Ribbe (Hg.): Brandenburgische Geschichte, Berlin 1995, S. 619–676; W. Meyer u. K. Neitmann (Hg.): Zwangsarbeit während der NS-Zeit in Berlin und Brandenburg, Potsdam 2000; D. Müller: Tage der Angst und der Hoffnung, Berlin 2000 (= Todesmärsche). Schuppan, E. (Hg.): Sklave in euren Händen, Berlin 2003; A. Weigelt: "Umschulungslager existieren nicht" (Jamlitz), Potsdam 2001.

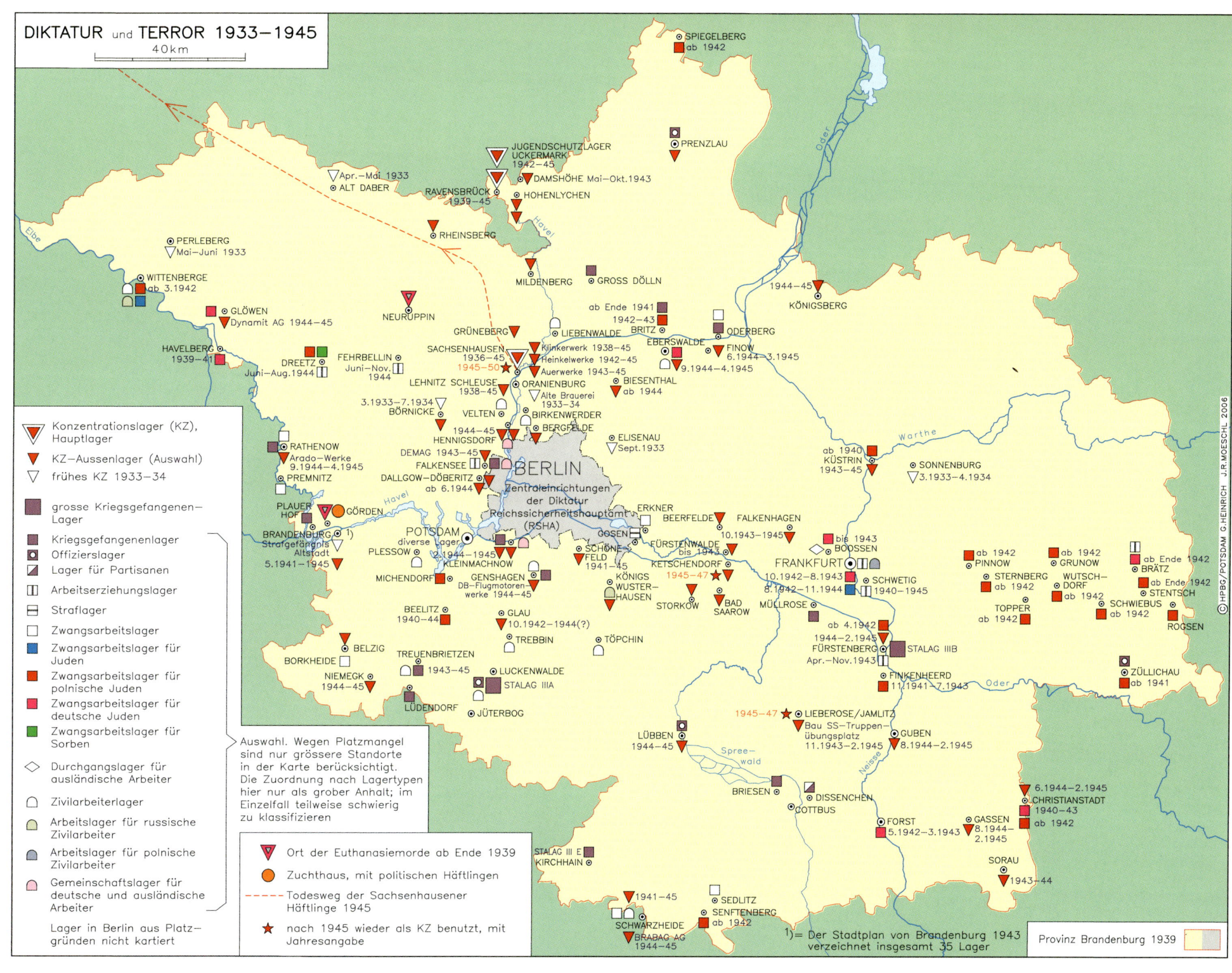

Die „Ost-West-Achse", von dem Architekten Albert Speer gestaltet, als Via Triumphalis der Vorkriegszeit, mit der umgesetzten Siegessäule (1938/39).

Der Pariser Platz am „Brandenburger Tor" mit dem Atelier-Haus des Malers Max Liebermann, Botschaften, dem Reichstag und der „Siegessäule" im Hintergrund (um 1930).

Geschäftsleben am Potsdamer Platz – Leipziger Straße, in der Nähe des Anhalter und Potsdamer Bahnhofs (um 1933).

Das soeben fertiggestellte Olympiastadion mit dem Maifeld und der Waldbühne (1936), im Westen der Stadt, nahe dem Grunewald (vgl. S. 50).

Gebäude des Reichsluftfahrtministeriums, Ecke Leipziger-/Wilhelmstraße. Architekt: Ernst Sagebiel (1935/36). Dienstsitz von Oberbehörden, heute Bundesministerium der Finanzen.

Schloß und Schloßfreiheit an der Spree, mit der Museumsinsel und dem Evangelischen Dom. Das im Krieg beschädigte Schloß wurde 1952 gesprengt und abgetragen.

Unter den Linden, Ecke Friedrichstraße: Alltagsleben um 1936 mit dem Blick auf die Preußische Staatsbibliothek und das Rote Rathaus im Hintergrund.

Berliner Westen: Tauentzienstraße mit dem „KaDeWe" (= Kaufhaus des Westens). Blick vom Wittenbergplatz auf die Kaiser-Wilhelm-Gedächtnis-Kirche (um 1935).

Das Olympiagelände.

Die Sportanlage besteht seit 1909, als ein Rennverein hier im Waldgelände eine Galopp- und Hindernisbahn errichtete. 1912/13 entstand auf dem 700 Hektar großen Areal nach Plänen von Otto March (1845-1913) das „Deutsche Stadion". Ausbauten leitete der Sohn Werner March (1894-1976) von 1926 bis 1928. Der weitgehende Umbau zum „Reichssportfeld" mit „Maifeld" und „Dietrich-Eckart-Bühne" (Waldbühne) folgte Entwürfen dieses Architekten seit 1934 für die XI. Olympischen Sommerspiele 1936. Das Stadion liegt auf einer Fläche von 53 Hektar. Es wird flankiert von Sportplätzen und beherrscht von dem monumentalen Glockenturm (1947 gesprengt; 1967 wiedererrichtet). In der Nachkriegszeit wurden Kriegsschäden beseitigt. Zu den Fußball-Weltmeisterschaften 1974 und 2006 wurde das Stadion jeweils gründlich überholt und verbessert. Von 1945 bis 1991/94 dienten Teile der Anlage (u.a. Maifeld, Ballspielplätze) den Britischen Truppen als Hauptquartier. Seit 1985 wird dort zum Ende der Fußballsaison das Finale um den DFB-Vereinspokal ausgespielt. Kirchentage benutzten die Anlage (zuletzt 1989/90), ebenso wie die regelmäßigen Feste der Deutschen Turn- und Sportverbände. In der „Waldbühne" finden u.a. Konzerte und Schauspiele statt. Das „Olympische Schwimmstadion" wurde 1991 von ca. 350 000 Badegästen besucht. Das Gelände befindet sich, in der Nachfolge des Reiches, im Bundesbesitz.

Gerd Heinrich

Literatur: Das Olympia-Stadion Berlin, Berlin 2001; Berlin-Handbuch, 2. Aufl., Berlin 1993, S. 901–904. Vgl. H. Zopf u. G. Heinrich, Berlin-Bibliographie (-1960), 1, Berlin 1965, S. 622 f.

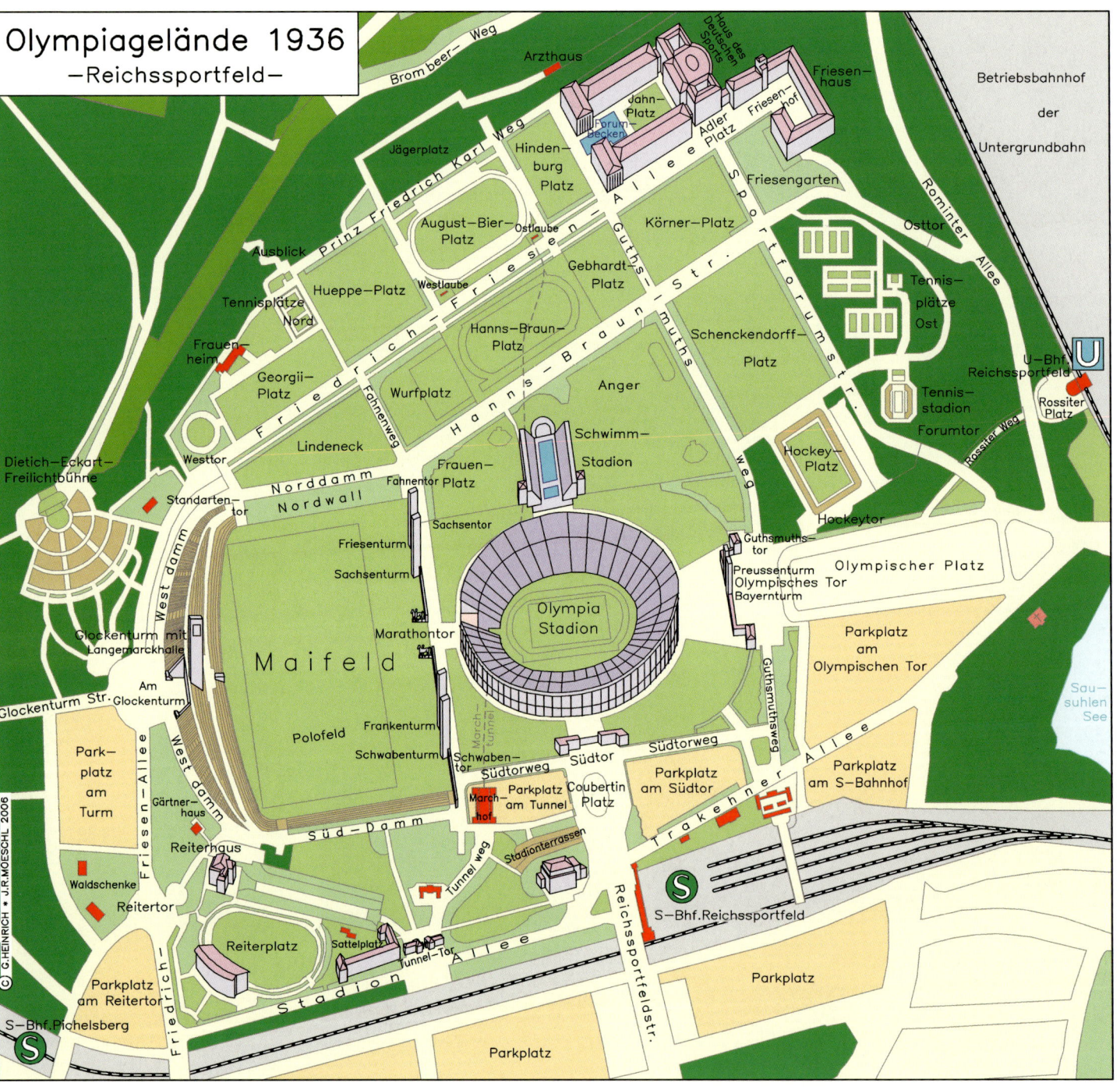

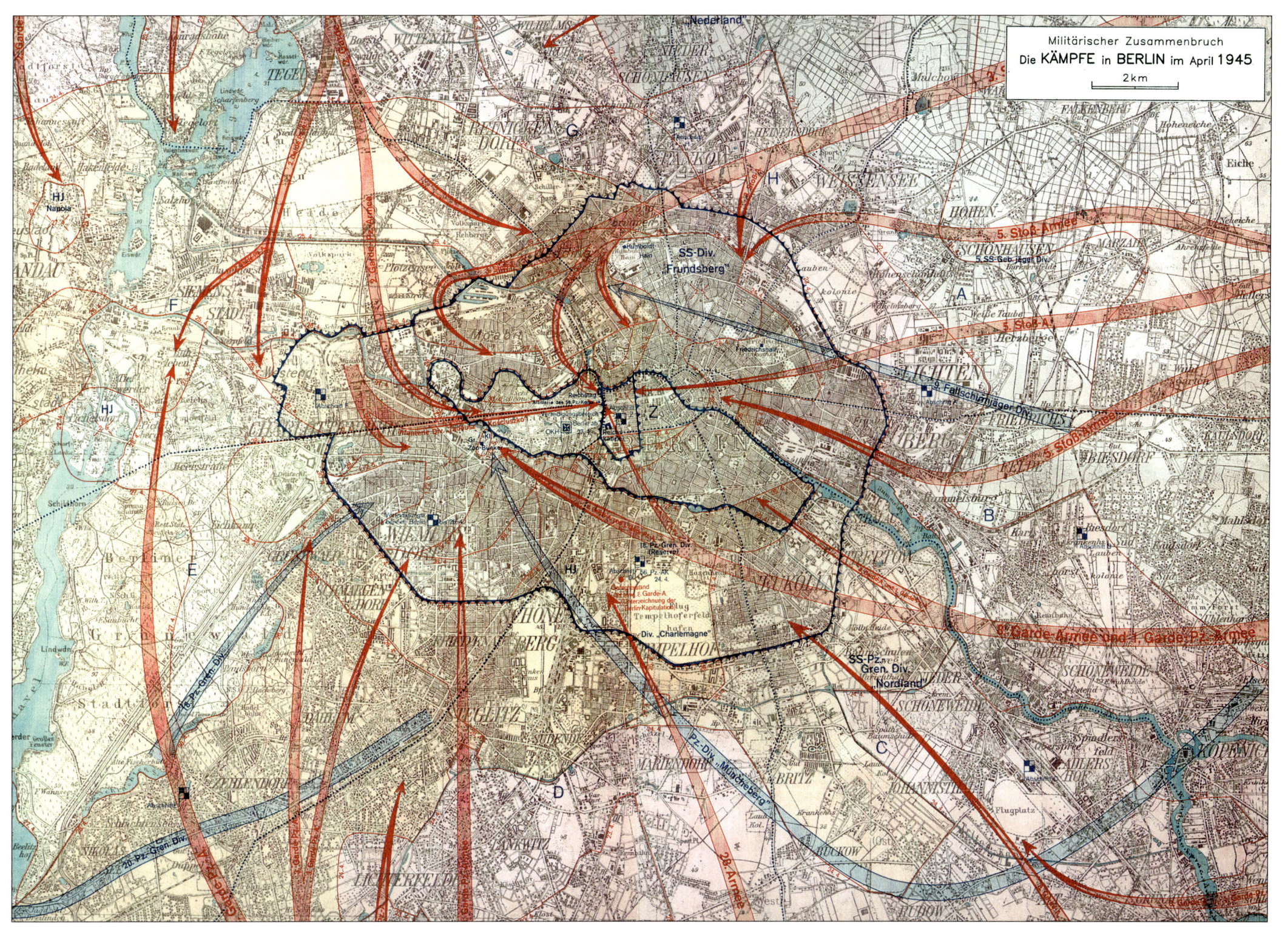

Militärischer Zusammenbruch 1945.

Am Ende des Ersten Weltkrieges stießen keine feindlichen Armeen bis Berlin vor. Nach dem Waffenstillstand mit den Ententemächten vom 11. November 1918 kehrten die Truppen in ihre Garnisonen zurück. 1945 war die Situation eine andere. Der Krieg und die Niederlage nebst Kapitulation der Wehrmacht wurden von Teilen der Bevölkerung in der Gefährlichkeit anfänglich nicht wahrgenommen. Zerstörungen durch Luftangriffe in den Städten, mit Ausnahme Berlins, hielten sich bis 1944 in engen Grenzen. Die Werke der Rüstungsindustrie erreichten in Brandenburg hohe Produktionsziffern. Trotz der Luftangriffe vollzogen sich Militärtransporte und Reisezug-Verkehr von Berlin aus fast uneingeschränkt. Seit Juli 1944 wurden Industrieviertel u. a. bei Brandenburg an der Havel und bei Oranienburg, im Frühjahr 1945 dann Teile der Innenstädte von Potsdam, Cottbus, Stendal, Frankfurt (Oder) durch Luftangriffe teilweise zerstört, seit 1944 die Berliner Innenstadt. Zwischen Küstrin und Neuzelle standen die Sowjetarmeen seit Anfang Februar an der Oder und begannen, mit Stoßrichtung auf Berlin, Pommern und die Mittelmark zu erobern. Die ostbrandenburgischen Kreise waren seit dem Durchstoß bei Tirschtiegel-Bentschen (26.1.) in wenigen Tagen besetzt worden. Als Folge dieser Kämpfe mit Brandlegungen oder längerer Belagerung fielen große Teile der neumärkischen Städte (Küstrin) in Trümmer.

Die sowjetische Großoffensive begann am 16. April 1945. Bei Reitwein-Seelow, Wriezen und Frankfurt (Oder) durchstießen Verbände der 1. Belorussischen Front nach hohen Verlusten die deutsche Front. Vor den heranrollenden Panzern flüchteten Teile der Zivilbevölkerung, die Verwundeten aus den Lazaretten sowie Verbände der Wehrmacht. Mehrere Innenstädte gingen in Flammen auf. Am 27. April schlossen sieben Armeen den Ring um Berlin und drangen in die Mitte vor. Am 2. Mai, nach dem Selbstmord Hitlers (30.4.), endeten die Kämpfe mit einer Teilkapitulation.

Die Kämpfe erreichten erst eine Woche später ihr Ende. Überall zogen sich die Reste der deutschen Truppen, soweit sie nicht bereits an der Oder-Front, in Berlin oder im Kessel von Halbe (Kr. Beeskow-Storkow) in Gefangenschaft geraten oder gefallen waren, nach Westen zurück. Amerikaner und Engländer standen mit ihren Divisionen seit dem 15. April an der Elbe. Sie überließen Berlin der Roten Armee. An den Flussübergängen für die sich zurückziehenden Truppen ist noch tagelang erbittert geschossen worden. Vor allem bei Magdeburg, Tangermünde und Wittenberge-Lenzen überschritten Reste der deutschen Armeen (ca. 60.000 Mann) zusammen mit Flüchtlingen die Elbe und legten vor den Amerikanern die Waffen nieder, um nicht in russische Gefangenschaft zu geraten. In Lüneburg, Stendal und Ludwigslust fanden besondere Kapitulationen vor der Kapitulation der Wehrmacht in Reims und Berlin-Karlshorst (7./8.5.) statt. Die Nachkriegszeit mit den aufbrechenden Gegensätzen unter den Siegermächten kündigte sich an. Die mittelmärkischen Kreise und das Land bis zur Elbe wurden bis zum 7. Mai 1945 besetzt. Die Straßen waren gesäumt mit toten Soldaten, mit Opfern der monatelangen Tieflieger-Angriffe und mit Häftlingen aus den Konzentrationslagern. Gewalttaten, eine nicht bekannte Zahl von Selbstmorden, das Chaos des Kriegsendes bezeichneten auch hier die „Stunde Null". Brandenburg als Provinz verlor von 1939 bis 1945 mehr als 550.000 Menschen.

Gerd Heinrich

Literatur: D. Gaedke: Der militärische Zusammenbruch 1945, Berlin 1972 (Histor. Handatlas, W. Tieke, Das Ende an der Elbe, lfg. 40/41, Ausschnitt). Siehe LV: R. Lakowski

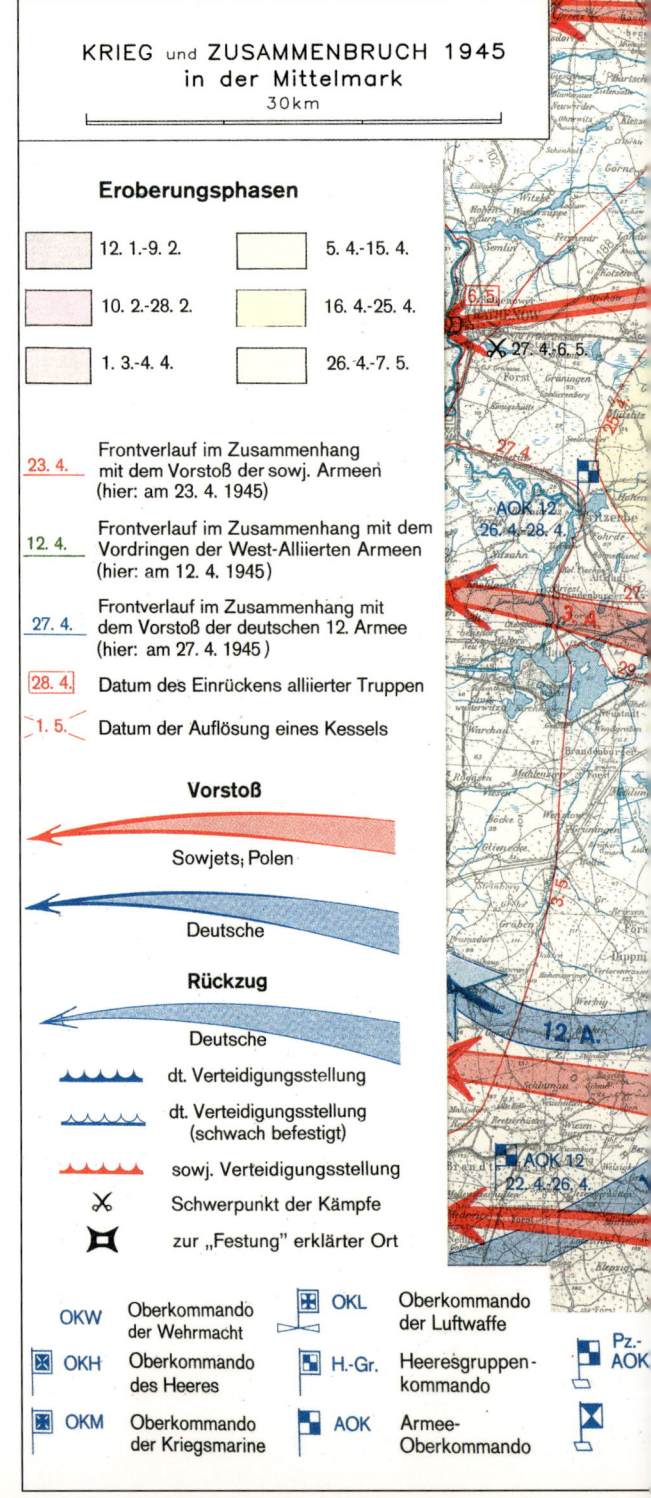

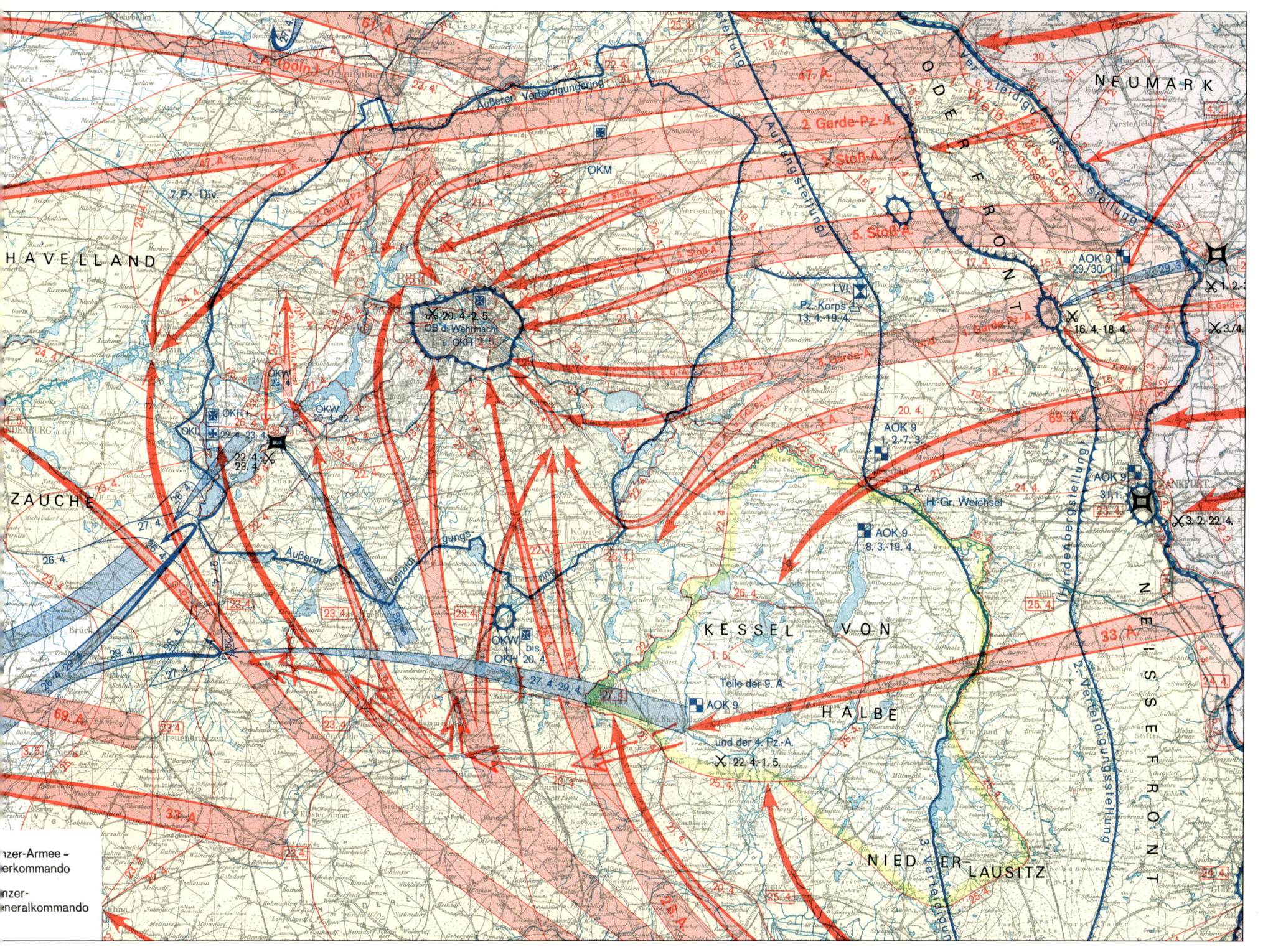

Berlin. Die Entwicklung einer Zentrallandschaft 1820–1990.

Als Berlin um 1820 (Karte 1, S. 56) nach einer Zeit des Stillstandes zu wachsen begann, konnte niemand voraussehen, dass in einem Jahrhundert nicht nur die Fläche zwischen dem Kämmereidorf Lichtenberg und der Festungsstadt Spandau, sondern der Kernraum der Provinz Brandenburg von fast unendlichen Steinhausbebauungen eingenommen sein würde. In das Urstromtal hinein würden erst Straßen, dann Bahnen, dann Autostraßen gebaut werden, mit Stetigkeit und Unverwüstlichkeit, mit großer Ingenieur-Kunst nebst Architektur. So konnte Zug um Zug ein mächtiges Stadtbauwerk als Kern einer schließlich weltstädtischen Zentrallandschaft entstehen.

Um 1820 lebten in Berlin ca. 220 000 Menschen. Dazu kamen 6 000 Bewohner der Vorstädte im Südosten und Norden. Sie umgaben die älteren Neustädte Friedrichswerder, Dorotheenstadt und Friedrichstadt (die die vorhergehenden Karten zeigen). Dazu waren herangewachsen u. a. die Friedrich-Wilhelm-Stadt im Norden, die Spandauer Vorstadt im Westen und die Luisenstadt im Osten. Um 1820 erblickte man eine Industriestadt mit vielen Schornsteinen für die sich rasch vermehrenden Dampfmaschinen.

Die Zunahme der Bevölkerung betrug im Durchschnitt bis 1874/1885 25 000 bis 40 000 Menschen pro Jahr. Karte 2: 1874 (hinteres Vorsatzblatt), ein Ausschnitt aus der „Generalstabskarte", zeigt im Kulturlandschaftsbild, dass die geschlossene Bebauung vom Halleschen Tor bis zum Stettiner Bahnhof reicht und dass die Erschließungsgebiete der Zeit um 1850 nun bebaut sind. Es war die „Gründerzeit" nach dem Krieg 1870/71. Aber der Umfang der Vorstadt- und „Villenkolonie"-Flächen erweitert sich nun Jahr und Jahr. Um 1880 hatte die Stadt die erste, um 1905 die zweite Bevölkerungs-Million aufzuweisen. Durch Eingemeindungen war das Kommunal-Gebiet bis 1843 auf 3 500 Hektar gewachsen; bis 1915 verdoppelte es sich erneut. Dann aber nahm mit der „Einheitsgemeinde" Berlin (1920) die Fläche so rasch zu (87 810 ha), dass die Spree-Metropole zeitweise die flächenmäßig größte Stadt der Welt war. Auch in der Gegenwart zählt sie zu den mächtigen Urbanisationen, trotz aller Zerstörungen (1995: 89 085 ha).

Karte 3 (auf der rechten Seite S. 57) zeigt den Ausbauzustand der Landschaft zur Zeit der Zusammenbrüche der an die Sowjetunion gebundenen Herrschaftssysteme (1989-1994). Um 1990, mit dem eingetretenen Mauer-Fall (9.11.1989) und dem bevorstehenden Abzug der Besatzungstruppen und ihrer Logistik, erwachte gleichsam das nunmehr vereinte „Berlin" im Umfeld der innen- und außenstädtischen Zerreiß-Grenzen nebst durchschnittenen Verkehrs- und Siedlungs-Elementen. Die Stadthälften mit 37 Prozent (Osten) und 63 Prozent (Westen) wurden über Nacht zusammengefügt, obwohl das Beseitigen der Sperr-Elemente an den ca. 180 Kilometer langen Grenzen noch zwei Jahre dauern sollte. Innerhalb der neuen kommunalen und Landes-Grenzen mit Brandenburg lebten fortan 3,5 Millionen Menschen; dazu kommen rd. 200 000 in den zu Berlin zu rechnenden Randgebieten („Speckgürtel") und eine undifferenzierbare Zahl an Ausländern, wie sie den Weltstädten zustreben.

Das „alte Berlin", das von 1930 oder 1940 oder 1950, schien 1990 unwiederbringlich verloren zu sein, wo sich doch Menschen und Arbeitsplätze, Herkunft der Zuwanderer und die Ansprüche gegenüber Staat, Zivilisation und Mentalitäten in der „Gesellschaft" gründlich geändert hatten. So schien es den aus der Ferne Kommenden; andere sehen voller Optimismus die „Unzerstörbare Stadt", die sich auch in dieser, an Maßstäben der Jahrhunderte gemessen, kurzen Zeit von 44 oder 28 Jahren der Zerteilung durch eine absurde Sektoren- und Mauer-Grenze beiderseits behauptet hatte. Das geschah mit internationaler Hilfe, vorab der USA und freiheitlicher Kräfte in der Welt, während das östliche Berlin mit seinen Neubauten die Kräfte der „Ostzone" bzw. der DDR bis zuletzt erheblich beanspruchte. Die Zukunft des Raumes, über die Grenzen hinaus vorerst bis zum Autobahn- und Eisenbahn-Ring reichend, wird wie im 19. und 20. Jahrhundert von Phasen der Integration und Stagnation, dann wieder von solchen der Expansion und Verdichtung bestimmt sein. In der Gegenwart ist aus dem östlichen EU-Raum – wie vormals – eine lebhafte temporäre oder dauernde Zuwanderung über verschliffene Grenzen hinweg zu beobachten, die mitteleuropäische Zentren auffüllt. Berlin bleibt der große „Mischungsbottich" (Theodor Fontane): Der Radius der Ein- und Auspendler im Wirtschaftsleben geht stellenweise über 100 Kilometer hinaus. Nach der Besatzungszeit ist das neue Berlin wieder zur Hauptstadt Deutschlands erhoben worden.

Gerd Heinrich

Literatur: R. Wolters: Stadtmitte Berlin, Tübingen 1978; Cj.Pape u. U. Freitag: Topographischer Atlas Berlin, Berlin 1987 [55 Karten u. 20 Luftbilder, Texte, Lit.]; F. Escher: Berlin u. sein Umland, Berlin 1984; W. Ribe (Hg.): Geschichte Berlins, Bd. 2, 3. Aufl. Berlin 2003 [Lit.]; Karten: Berlin u. Umgebung 1820 [1:25 000, hier verkleinert und verkürzt], Berlin 1975 (= Historischer Handatlas, Lfg. 49); Karte 3 (S. 76): Ebenda, Lfg. 21, Berlin 1967; Karte 2 (S. 57): Ausschnitt aus Top. Übersichtskarte, 1:2000, verkl., Ausgabe 1994 (Genehmigung d. Bundesamtes f. Kartographie, Frankfurt a.M.).

Die Sektoren-Stadt Berlin: Transitwege.

Die Anfang Juli 1945 von den drei Kriegs-Alliierten geschaffenen West-Sektoren, nebst Ost-Sektor (Sowjet-Sektor), konnten gegenüber der Bedrohung durch die Sowjetunion und später die DDR nur lebensfähig bleiben, wenn der ungehinderte Zugang zu den westlichen Besatzungszonen bzw. der Bundesrepublik Deutschland gewährleistet war. Diese ist immer erneut mit Konflikten während des „Kalten Krieges" und mit erheblichen Investitionen erreicht worden. Während eines halben Jahrhunderts wurde die insulare „Politische Einheit" West-Berlin über die Transitwege versorgt, belebt und gesichert – ein weltgeschichtlich einzigartiger Vorgang. Alle Grenzen und Verkehrsverbindungen wurden nach 1945, 1952 und 1961 gesperrt. Der Verkehr mit der Millionenstadt vollzog sich bald nur noch von Berlin (West) auf drei Autobahntrassen nach Rudolphstein (Süd), Herleshausen (Südwest), Helmstedt (West) und Lauenburg/Gudow (Nord). Es standen Eisenbahnlinien von Berlin nach Ludwigstadt, Bebra, Helmstedt und Büchen zur Verfügung. Die Binnenschiffahrt benutzte kontrolliert den Mittellandkanal. Entscheidend waren die unkontrollierbaren Luftkorridore nach Frankfurt/Main, Hannover und Hamburg. Wären sie jemals (Krise 1959–1961) unter Sowjet-Kontrolle geraten, hätte das freie Berlin nicht überlebt. Die Versuche der Sowjetunion, mit einer Blockade die Westmächte zu vertreiben, scheiterten an der weltweit bewunderten Luftbrücke (24.6.1948–12.5.1949).

Gerd Heinrich

Literatur: Berlin-Handbuch, 2. Aufl. 1993, S. 1248–1254.

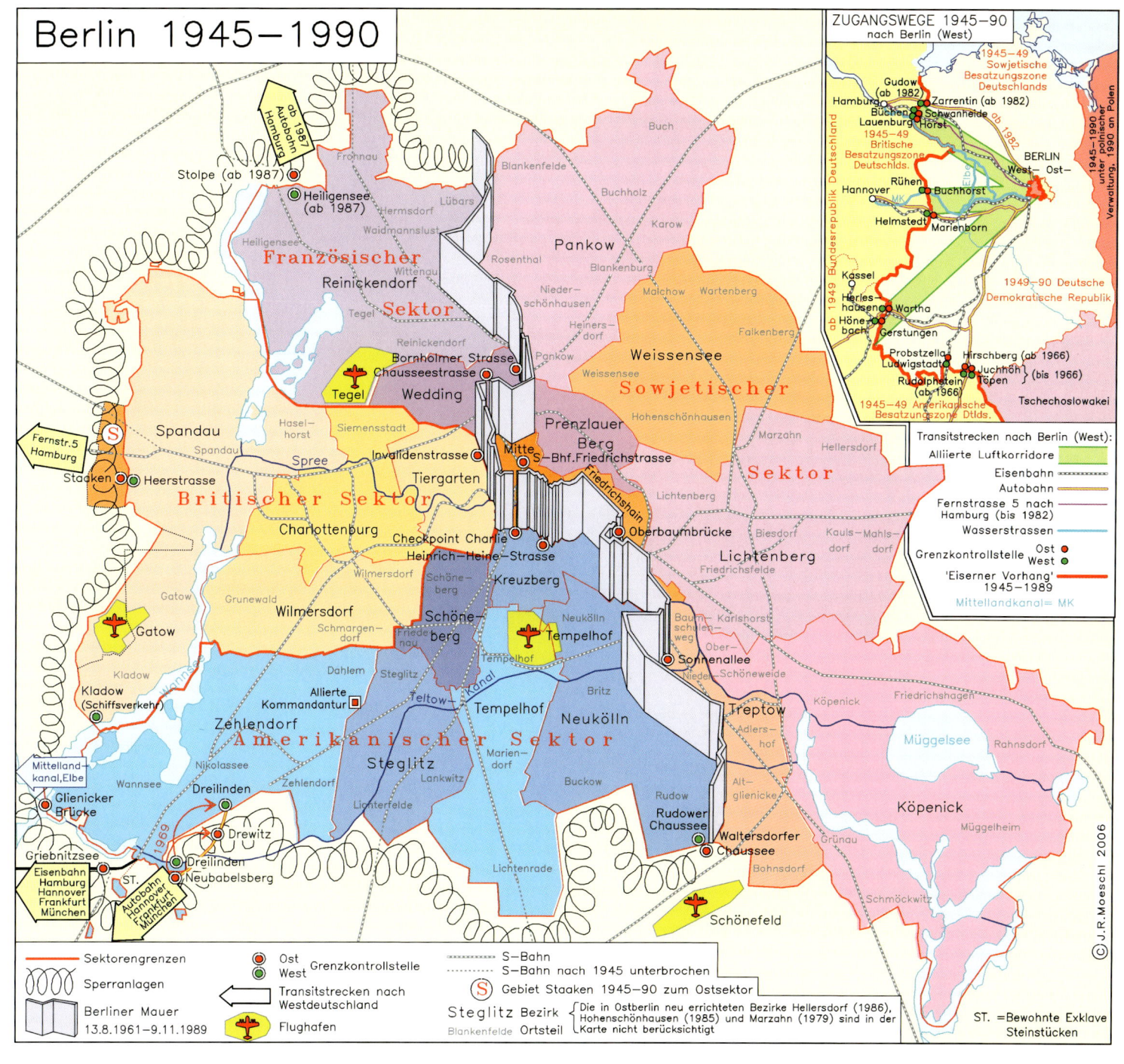

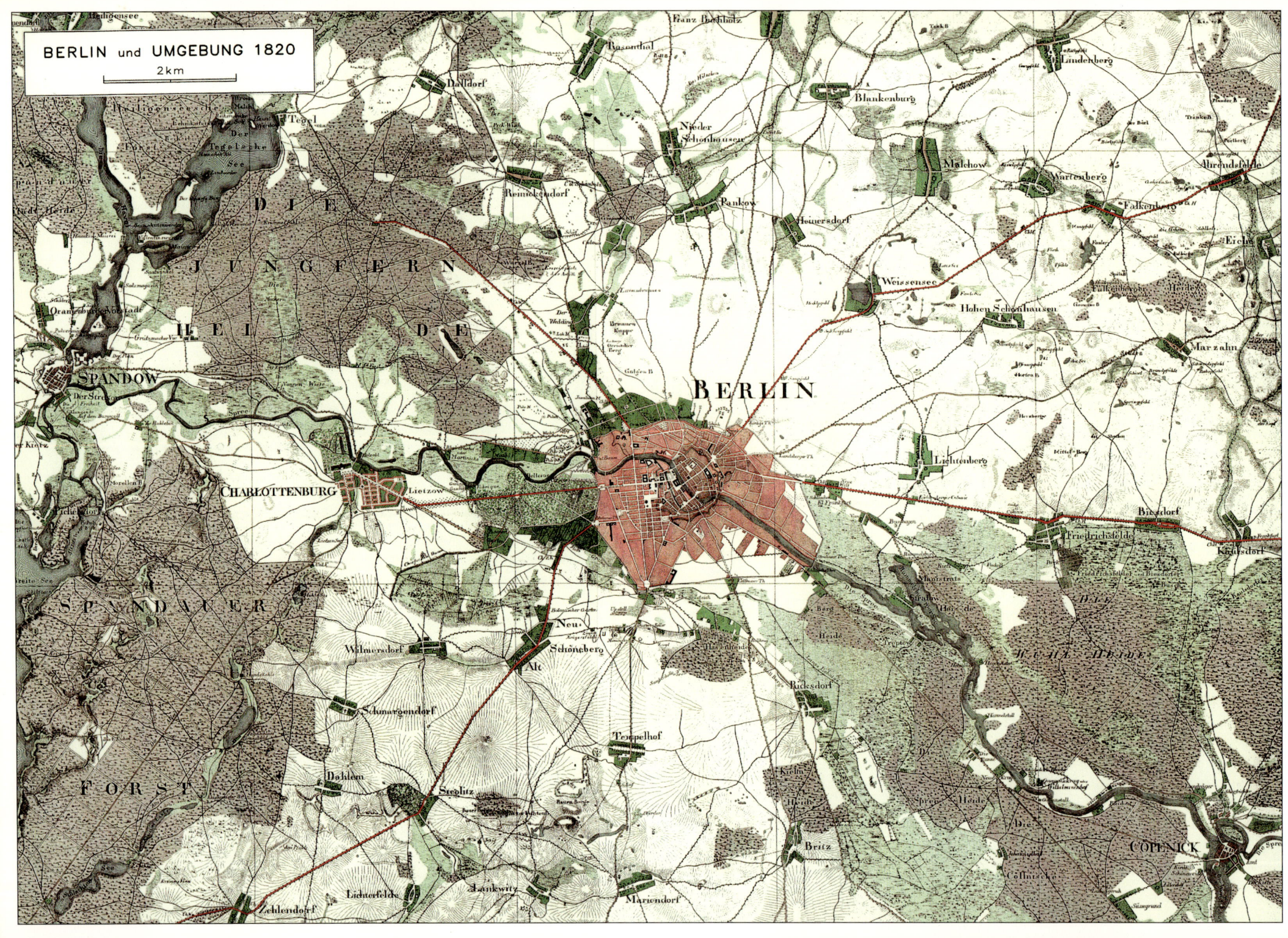

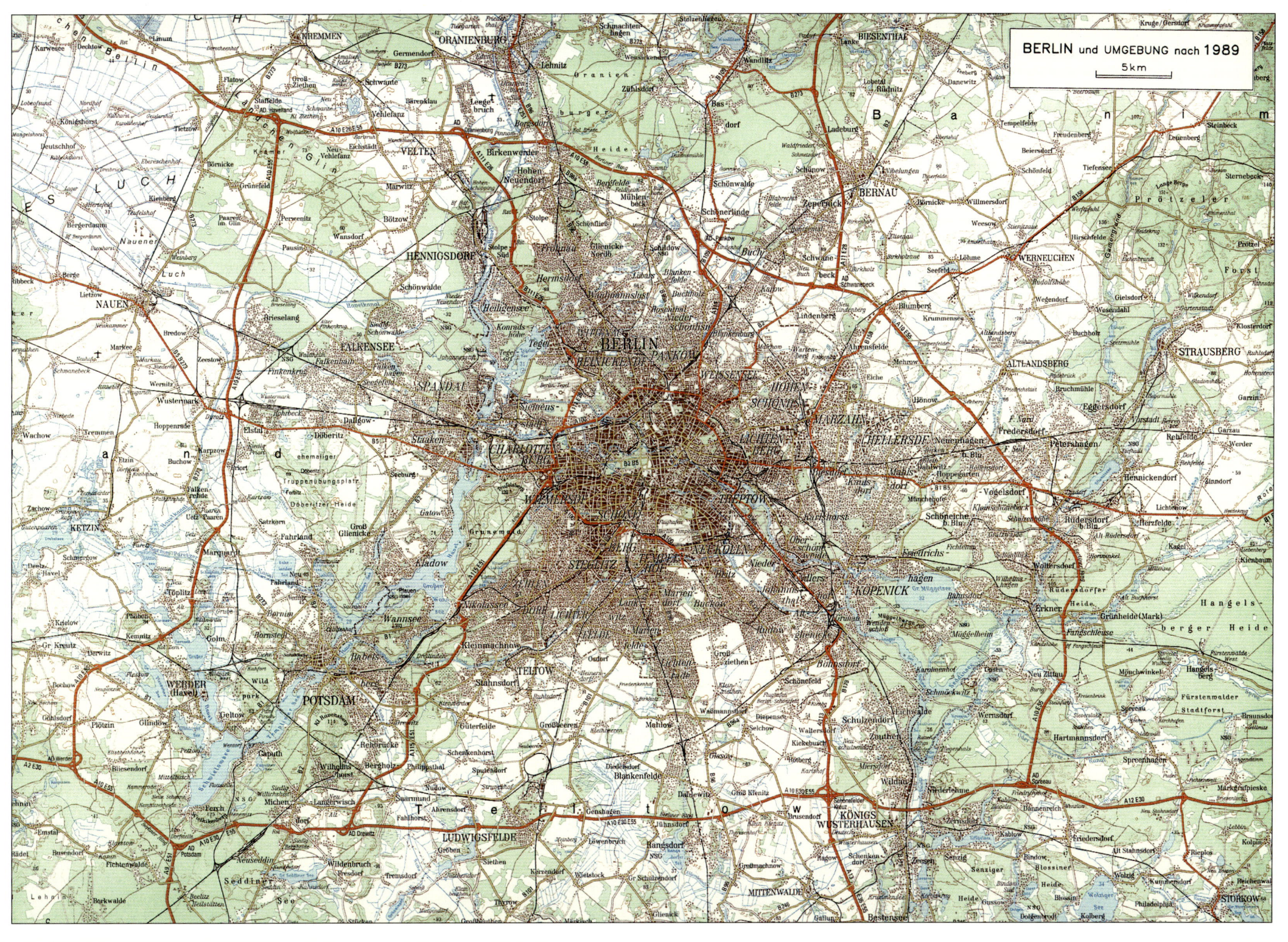

Sowjetische Garnisonen. 1988.

Das Kriegsende 1945 stellte auch Brandenburg vor die Herausforderung einer unabsehbar langen Besatzungszeit. Britisches und amerikanisches Militär verharrte seit Mitte April 1945 an der Elbe. Es zog sich von dort Anfang Juli gemäß der Absprachen von Jalta auf eine westlichere Demarkationslinie zurück, während die Sowjetunion zwei Drittel Berlins zugunsten der Westmächte aufgeben musste. Am 2. Juli 1945 rückten deren Vorkommandos in die Stadt ein. Mit dem späteren Einzug französischer Truppen war die Einrichtung der Viersektorenstadt abgeschlossen. Die Kreise jenseits von Oder und Neiße („Ostbrandenburg") kamen seit Mitte Juli mit Zustimmung der Westmächte unter „polnische Verwaltung". Sie begann noch vor der Potsdamer Konferenz mit der „wilden" Vertreibung der deutschen Bevölkerung. Gleichzeitig blieb zunächst das Gebiet weiter Teil der Sowjetischen Besatzungszone (innerhalb der Grenzen von 1937).

Potsdamer Alltag, 1988

Die Teilung Deutschlands und der Kalte Krieg verwandelten in wenigen Jahren West-Berlin zu einer Insel der Freiheit innerhalb der SBZ/DDR. Mit dem westlichen Deutschland (1949: Bundesrepublik) war Berlin als Folge wiederholt angefochtener Nachkriegsvereinbarungen der Alliierten durch mehrere Transitstrecken für den Auto- und Eisenbahnverkehr verbunden, die durch Brandenburgs Städte und Dörfer führten. Erst die Entspannungspolitik brachte auch zwischen den deutschen Staaten ab 1972 vertragliche Sicherheiten für diesen Transitverkehr. 1988 zählte man zwischen Berlin und Helmstedt 5,8 Millionen Fahrzeuge. Parallel wurden die Grenzübergangsstellen und die Grenzsicherungen ausgebaut. Zeitaufwendige Pass- und Fahrzeugkontrollen durch die Passkontrolleure der Staatssicherheit sollten u. a. Fluchtversuche über die Transitstrecken unterbinden. Die Westalliierten unterlagen bis zur Wiedervereinigung 1990 nicht den DDR-Kontrollen. Sie unterhielten überdies in Potsdam drei exterritoriale Militärmissionen.

Als Hauptquartiere dienten der „Gruppe der sowjetischen Streitkräfte in Deutschland" (GSSD) ab 1945/46 Kasernen der Wehrmacht in Berlin-Karlshorst und die ausgedehnten ober- und unterirdischen Anlagen in Zossen-Wünsdorf (OKH). Dort, wie an allen anderen sowjetischen Garnisonen in der DDR, blieb der Soldat ohne individuellen Ausgang eingesperrt in den weitläufigen Objekten. Sowjetische Berufssoldaten, Offiziere und Generale lebten in eigenen, abgeschotteten Wohnsiedlungen.

Die Zahl der Soldaten und russischen Zivilisten wird auf etwa 200.000 geschätzt. Die wichtigsten Garnisonen befanden sich in Jüterbog, Bad Freienwalde, Bernau, Brandenburg an der Havel, Döberitz bei Berlin, Eberswalde, Fürstenberg-Ravensbrück, Fürstenwalde/Spree, Neuruppin, Potsdam nebst Randsiedlungen, Rathenow, Sperenberg, Wittstock und Wünsdorf-Kummersdorf. Dazu kamen 24 große Truppenübungsplätze mit weiträumig gesperrten Waldgebieten (90.000 Hektar). Die meisten größeren Standorte befanden sich im weiteren Umfeld Berlins. Das entsprach den Schwerpunkten der Militärlandschaft, wie sie sich zwischen 1870 und 1945 entwickelt hatte, aber auch strategischer Planung.

Trotz vertraglicher Verpflichtungen durch die Stationierungsabkommen mit der DDR (1952/57) verhielt sich das sowjetische Militär unberechenbar, missachtete geltende Gesetze und Regeln. Viele Garnisonen waren so groß, dass die in der Nachbarschaft lebenden Brandenburger in der Minderheit waren (u. a. Jüterbog, Döberitz). Das Verhältnis zur Bevölkerung erfuhr Belastungen durch Manöverschäden, Verkehrsbehinderungen durch endlose Militärtransporte und die von unerfahrenen Fahrern verursachten schweren Verkehrsunfälle mit Toten und Verletzten.

Mit der Wiedervereinigung 1990 mussten die sowjetischen/russischen Truppen in Deutschland bis zum endgültigen Abzug das ihnen nun vertraglich eingeräumte und gut dotierte Gastrecht akzeptieren. Am 9. September 1994 verließ der Oberkommandierende, Generaloberst Matwej P. Burlakow, als letzter russischer Soldat Deutschland.

Gerd Heinrich

Literatur: D. Kotsch: Das Land Brandenburg zwischen Auflösung und Wiederbegründung, Berlin 2001; I. S. Kowalczuk u. St. Wolle: Roter Stern über Deutschland. Sowjetische Truppen in der DDR, Berlin 2001; K. Arlt: Sowjetische (russische) Truppen in Deutschland (1945–1994). In: T. Diedrich u. a. (Hg.): Im Dienste der Partei. Handbuch der bewaffneten Organe der DDR, Berlin 1998, S. 593–632; F. C. Delius u. P. J. Lapp: Transit Westberlin. Erlebnisse im Zwischenraum, Berlin 1999; N. M. Naimark: Die Russen in Deutschland, Berlin 1999 (= Ullstein Tb. 26549); D. Mußgnug: Alliierte Militärmissionen in Dt. 1946–90, Berlin 2001.

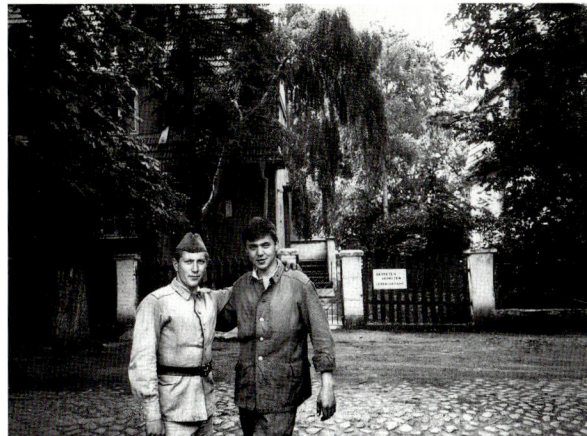

Vor der Abfahrt, Neuruppin, Scholtenstraße (1991)

Zentrum der gesunden Ernährung

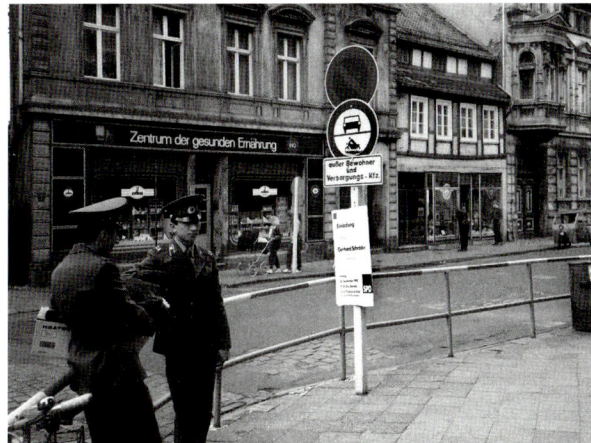

Einkauf in der Garnison Stendal (1989)

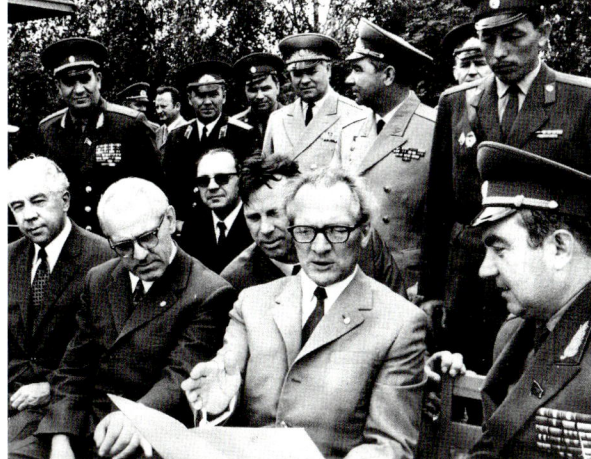

Truppenbesuch E. Honeckers bei der GSSD (1971)

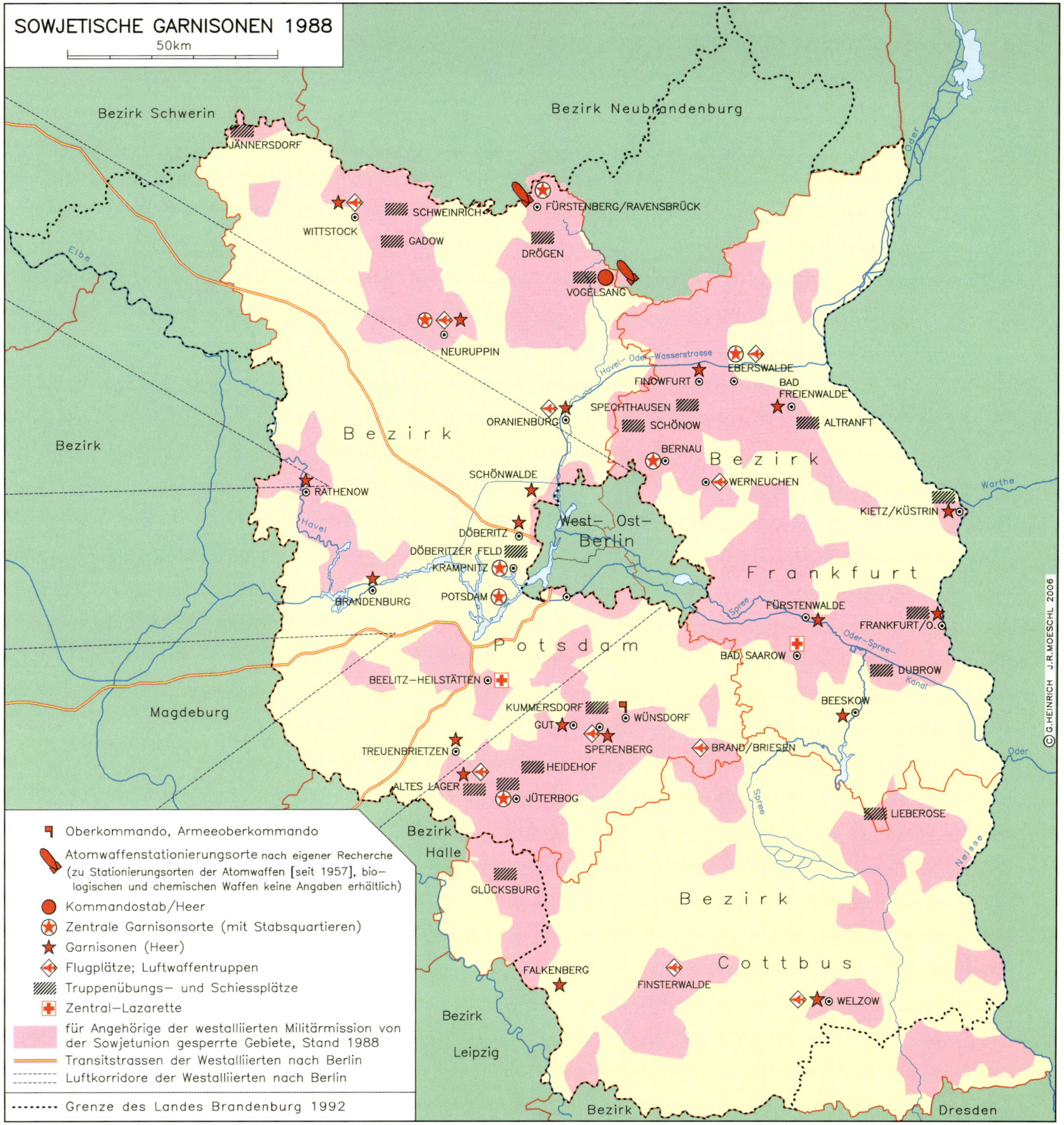
SOWJETISCHE GARNISONEN 1988
50km
Bezirk Schwerin
Bezirk Neubrandenburg
Bezirk Magdeburg
Bezirk Potsdam
Bezirk Frankfurt
Bezirk Cottbus
Bezirk Halle
Bezirk Leipzig
Bezirk Dresden
West-Berlin
Ost-Berlin
Elbe
Havel
Oder
Warthe
Spree
Neisse
Havel-Oder-Wasserstrasse
Oder-Spree-Kanal
JÄNNERSDORF
WITTSTOCK
SCHWEINRICH
GADOW
FÜRSTENBERG/RAVENSBRÜCK
DRÖGEN
VOGELSANG
NEURUPPIN
EBERSWALDE
FINOWFURT
BAD FREIENWALDE
SPECHTHAUSEN
SCHÖNOW
ALTRANFT
ORANIENBURG
BERNAU
WERNEUCHEN
SCHÖNWALDE
RATHENOW
KIETZ/KÜSTRIN
DÖBERITZ
DÖBERITZER FELD
KRAMPNITZ
BRANDENBURG
POTSDAM
FÜRSTENWALDE
FRANKFURT/O.
BAD SAAROW
DUBROW
BEELITZ-HEILSTÄTTEN
KUMMERSDORF
WÜNSDORF
GUT
SPERENBERG
BEESKOW
TREUENBRIETZEN
BRAND/BRIESEN
HEIDEHOF
ALTES LAGER
JÜTERBOG
LIEBEROSE
GLÜCKSBURG
FALKENBERG
FINSTERWALDE
WELZOW
Oberkommando, Armeeoberkommando
Atomwaffenstationierungsorte nach eigener Recherche (zu Stationierungsorten der Atomwaffen [seit 1957], bio- logischen und chemischen Waffen keine Angaben erhältlich)
Kommandostab/Heer
Zentrale Garnisonsorte (mit Stabsquartieren)
Garnisonen (Heer)
Flugplätze; Luftwaffentruppen
Truppenübungs- und Schiessplätze
Zentral-Lazarette
für Angehörige der westalliierten Militärmission von der Sowjetunion gesperrte Gebiete, Stand 1988
Transitstrassen der Westalliierten nach Berlin
Luftkorridore der Westalliierten nach Berlin
Grenze des Landes Brandenburg 1992
© G.HEINRICH J.R.MOESCHL 2006

Sowjetische (russische) Garnison Potsdam. 1945–1994.

Die Rote Armee erreichte am 24. April 1945 das Potsdamer Stadtgebiet. Fünf Tage später begannen Besatzungszeit und russisches Garnisonleben. Die Stadt wurde mit dem Einzug der sowjetischen Besatzungstruppen (Befehl vom 29. Mai 1945) bis 1946 Sitz des Oberkommandos. Sie geriet mit der alliierten Siegerkonferenz (17. Juli bis 2. August 1945) in das Rampenlicht der Weltöffentlichkeit.

Die fast unzerstört gebliebene militärische Infrastruktur der Stadt entwickelte sich zu einer unübersehbaren sowjetischen Kasernenlandschaft (Jägerallee, Voltaireweg, Bornstedter Feld, Nedlitzer Straße) mit großen Kampfverbänden, geschlossenen Wohn-, Lazarett- und Verwaltungsbereichen in der Jäger-, der Nauener und der Berliner Vorstadt. Aus der Anfangszeit der Besatzung blieben die Einrichtungen der Militärpropaganda (Militärzeitung „Rote Armee", Militärsender „Radio Wolga") in der Stadt. Sie zogen nicht nach Wünsdorf bei Zossen.

Über die Jahrzehnte bildete sich eine eigene sowjetische Infrastruktur in Potsdam, die in keinem offiziellen Stadtplan verzeichnet war. Die sowjetische Mittelschule mit benachbartem Busparkplatz in der Jägerallee, Magazin, „Haus der Offiziere", das Standesamt, das Archiv und die Kommandantur entlang der Hegelallee sind dafür Beispiele.

Am Rande des Neuen Gartens, bis 1952 sowjetischer Zentralpark der Kultur und Erholung, entstand ein geschlossenes Stadtviertel für den sowjetischen Geheimdienst. Bis zum Dezember 1991 hatte im „Augusta-Stift" die „Verwaltung der speziellen Abteilung des KGB bei der Gruppe der sowjetischen Streitkräfte in Deutschland" ihren Sitz. Vermutlich gehörte diese KGB-Verwaltung zur Hauptverwaltung III, dem militärischen Abschirmdienst des KGB. Es ist anzunehmen, dass das in unmittelbarer Nähe gelegene Gefängnis in der Leistikowstraße 1 ebenfalls dem KGB, hier der Abteilung X, zugeordnet war.

Potsdam wurde entsprechend dem Londoner Abkommen vom 14. November 1944 und nachfolgenden Verhandlungen Sitz von alliierten Militärmissionen bei der „Gruppe der sowjetischen Streitkräfte in Deutschland" (GSSD). In der Potsdamer Seestraße direkt am Heiligen See, unweit sowjetischer Dienststellen in der Berliner Vorstadt, befanden sich seit Ende der fünfziger Jahre die Missionen Frankreichs und Großbritanniens. Die US-Militärs residierten im Norden Potsdams am Lehnitzsee, nicht zufällig in unmittelbarer Nähe sowjetischer Kasernenkomplexe.

Noch vor der Ratifizierung des „2+4 Vertrages" erklärten am 1. Oktober 1990 die Außenminister der drei Westmächte und der Sowjetunion in New York die Wirksamkeit ihrer Rechte für Deutschland bis zum Inkrafttreten des Vertrages für ausgesetzt. Die alliierten Militärmissionen stellten ihre Arbeit ein und wurden bis zum Jahresende 1990 aufgelöst. Im gleichen Jahr begann gemäß dem Regierungsvertrag über den „befristeten Aufenthalt und planmäßigen Abzug" vom 12. Oktober 1990 der Rückzug der in Potsdam stationierten sowjetischen bzw. russischen Großverbände der 35. Mot.-Schützendivision und der 34. Artilleriedivision. Als letzte Einheit übergab am 15. August 1994 der neue russische Geheimdienst FSB als Nachfolger des 1991 aufgelösten KGB seine Liegenschaft am Neuen Garten.

Für die „Konversion" (Wandel zur Zivilnutzung) gründete die Stadt Potsdam eine Entwicklungsträgergesellschaft, die im Norden Potsdams ca. drei Prozent der Stadtfläche in einer Gesamtgröße von mehr als 280 Hektar ziviler Nutzung zuführen sollte. Damit begann Potsdam ein erfolgreiches Vorhaben, das in seiner Größenordnung an das einst ehrgeizigste und gescheiterte, im Süden der Stadt geplante Stadterweiterungsprojekt „Wald-Potsdam" (460 ha) von 1929 heranreicht. Deren Projektanten hätten sicher niemals gedacht, dass ein russischer Friedhof, den die Stadt Potsdam 1946 anzulegen hatte, das Einzige sein würde, das in ihrem Planungsgebiet an der Michendorfer Chaussee je gebaut werden würde. Als Kriegsgräberstätte bleibt er, gemeinsam mit dem sowjetischen Friedhof auf dem Bassinplatz, Zeugnis dieser Geschichte.

Thomas Wernicke

Hinterlassenschaft des russischen Geheimdienstes, Potsdam, Am Neuen Garten, 26. August 1994

Literatur: D. Kotsch: Potsdam, 1992, S.287 f.; F. Bauer u. a.: Vernichtet, vergessen, verdrängt. Militärbauten und militärische Denkmäler in Potsdam, Berlin usw. 1992; W. Bakatin: Im Innern des KGB, Frankfurt am Main, 1993; Ratgeber Konversion, Potsdam 1992; Th. Wernicke: Von der Nauener Vorstadt bis zur russischen Militärstadt Nr. 7. In: Mitt. d. Vereins f. d. Geschichte Berlins 95 (1999), S. 579–584.

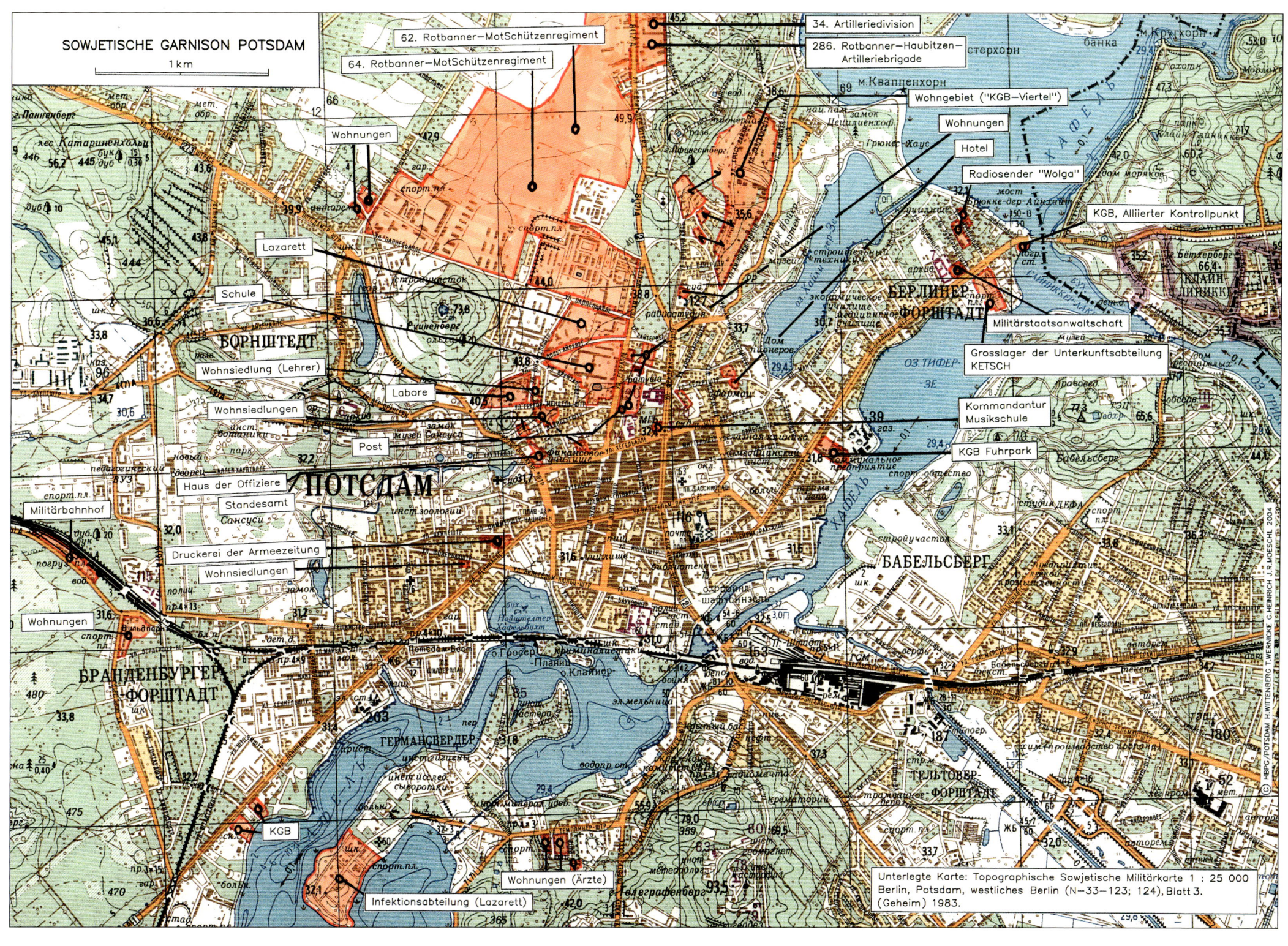

Industriestandorte. 1989.

Abgesehen von Berlin blieb Brandenburg bis weit in das 20. Jahrhundert hinein überwiegend land- und forstwirtschaftlich geprägt. Noch 1939 arbeiteten etwa 28 Prozent der Bevölkerung in der Landwirtschaft. Jedoch bildeten sich schon vor 1945 Industrie-Inseln heraus, die von überregionaler Bedeutung waren. So entwickelte sich seit dem 16. Jahrhundert entlang der Eberswalder Industriegasse das „märkische Wuppertal" mit Eisen- und Kupferwerken. In Rathenow siedelte sich, aus den Werkstätten des Pastors Johann Heinrich August Duncker (1767–1843) hervorgehend, eine optische Industrie an, während sich Wittenberge nicht zuletzt wegen seiner günstigen Verkehrslage an der Elbe und der Eisenbahnstrecke Berlin-Hamburg zum industriellen Mittelpunkt am Rande der Prignitz erhob. Brandenburg an der Havel war bereits vor 1900 ein industrielles Zentrum, in dem nicht nur Stahl produziert wurde. Die Stadt war zugleich ein wichtiger deutscher Platz für die Spielwarenindustrie und seit 1934 mit der Firma Opel ein Ort des Fahrzeugbaus. Schließlich besaß das Land mit der Niederlausitz und ihrer Textilindustrie (Cottbus, Forst, Guben) sowie seit Mitte des 19. Jahrhunderts mit dem Braunkohle-Tagebau eine dicht industrialisierte Region.

Außerhalb der Grenzen Berlins entwickelte sich überdies ein industrialisierter „Speckgürtel", der sich als Folge der Randwanderung der Berliner Industrie seit dem späten 19. Jahrhundert herausgebildet hatte. Standorte wie Potsdam-Babelsberg (Lokomotivbau), Hennigsdorf (Stahl und Lokomotivbau), Oranienburg (Chemie), Wildau (Lokomotivbau) oder Erkner (Teer, Chemie) wuchsen wegen ihrer Nähe zum wirtschaftlichen Zentrum und Impulsgeber Berlin zu beachtlichem Rang an.

Litt die Industrie nach 1945 unter der im Vergleich zu den Westzonen radikaleren Demontage durch die Besatzungsmacht, so sorgten die ehrgeizigen wirtschaftspolitischen Ziele der SED schon seit den frühen 50er Jahren für einen Aus- und Neuaufbau. Brandenburg erreichte zwar auch weiterhin nicht die höchste industrielle Konzentration in der DDR. Doch wurden – orientiert an der Sowjetunion und deren wirtschaftlichen Bedürfnissen – auch in seinen drei Bezirken einige Industriestandorte ausgebaut oder buchstäblich ganz neu aus dem Boden gestampft.

Dazu gehörten im Bezirk Potsdam der Stahlstandort Brandenburg an der Havel (früher Flick AG) und in Hennigsdorf (Flick, AEG) die Produktion von Stahl und Lokomotiven. In Premnitz (IG-Farben) wurde erneut die Chemiefaser-Fertigung aufgenommen, während in Ludwigsfelde (Mercedes-Benz/IFA-Nutzkraftwagen) der Fahrzeugbau erheblich ausgeweitet wurde. Im Bezirk Cottbus baute man die traditionellen Textilstandorte in Cottbus, Forst und Guben zu Großbetrieben aus, deren Beschäftigte zu drei Vierteln Frauen waren. Ebenfalls in großem Maßstab, nicht zuletzt wegen des Mangels an Steinkohle, widmete man sich dem Ausbau der Braunkohlenindustrie in der Niederlausitz. Seit 1952 erfolgte im Raum Senftenberg (Schwarze Pumpe), Lauchhammer, bei Spremberg, Lübbenau und Cottbus die Intensivierung des Tagebaus und der davon abhängigen Braunkohlenindustrie. Großkraftwerke (besonders Jänschwalde) und Betriebe der chemischen Industrie (Guben, Schwarzheide, Spremberg) wurden neu errichtet oder erweitert. Diese Energiezweige boten zwar Zehntausende Arbeitsplätze, verursachten aber zugleich eine großflächige Kulturlandschaftszerstörung sowie massive Umweltschutzprobleme. Ebenfalls intensiviert wurde die Nahrungs- und Genussmittelindustrie, überwiegend im Spreewald (Gurken) sowie im Oderbruch und im Umkreis von Werder bei Potsdam (Obst).

Eine Reihe industrieller Großprojekte wurde von der Parteiführung der SED insbesondere im bis dahin eher landwirtschaftlich geprägten Bezirk Frankfurt (Oder) neu entwickelt (vgl. Tabelle). Dabei wurde mit dem seit 1950 errichteten „Eisenhüttenkombinat Ost" bei Fürstenberg an der Oder begonnen, das zusammen mit der gleichzeitig aufgebauten „ersten sozialistischen Musterstadt" Eisenhüttenstadt einen gewichtigen Stahlstandort an der Grenze zu Polen bildete. In der alten Verwaltungsstadt Frankfurt (Oder) entstand 1960 ein Halbleiterwerk, das auch in dieser Bezirkshauptstadt für eine stärker industriell ausgerichtete Wirtschaftsstruktur sorgte.

Schwedt/Oder stellt ein besonders aufschlussreiches Beispiel für die Entwicklung einer kleinen Landstadt zu einem Industriezentrum der DDR dar. In der beschaulichen Tabakstadt wurde 1958 mit dem Aufbau eines riesigen Erdölverarbeitungswerkes begonnen, das als Petrochemisches Kombinat (PCK) seinen Rohstoff über eine Pipeline aus der Sowjetunion bzw. vom Ölhafen Rostock bezog. Zusammen mit einer Papierfabrik verwandelte sich Schwedt/Oder in einen Industriestandort mit neuen Wohngebieten für die Beschäftigten. Die Bevölkerungszahl wuchs von 6.000 (1946) auf knapp 52.000 (1981) Einwohner.

Der Übergang von der Plan- zur Marktwirtschaft 1989/90 hatte in der Industrie einen tief greifenden Strukturumbruch zur Folge. Die auch nach sozialistischen Maßstäben stark subventionierten Groß-

Anteil der drei Bezirke an der industriellen Bruttoproduktion Brandenburgs nach Industriezweigen (1988, in %)

Industriebranche	Bezirk Potsdam	Cottbus	Frankfurt
Energie/Brennstoff	3,1	93,7	3,1
Chemische Industrie	9,3	19,9	70,8
Metallurgie	45,6	1,6	52,8
Baumaterialienindustrie	24,6	23,2	52,2
Wasserindustrie	44,5	30,1	25,3
Maschinen- und Fahrzeugbau	56,6	29,2	14,2
Elektroindustrie	51,1	11,7	37,2
Leichtindustrie (ohne Textil)	27,0	38,5	34,4
Textilindustrie	44,9	55,1	–
Lebensmittelindustrie	45,2	25,8	29,0
Gesamt	**30,2**	**32,8**	**37,0**

Quelle: BLHA, Rep. 401, Nr. 21433

betriebe mit unwirtschaftlich hohen Beschäftigtenzahlen waren unter den neuen internationalen Bedingungen zumeist nicht zu halten. Binnen eines Jahres reduzierte sich die industrielle Wertschöpfung Brandenburgs um fast ein Drittel. Die Karte zeigt, dass Standorte wie Premnitz (Chemie), Neuruppin (Elektroindustrie), Eberswalde (Kranbau, Walzwerk), Guben und Forst (Textil und Hutindustrie) oder Luckenwalde (Kugellager) schwere Einbußen mit negativen Folgen für den Arbeitsmarkt und die Wirtschaftsstärke der Städte erlitten. An anderen Standorten konnten Investoren aus dem Westen oder aus dem Ausland gewonnen werden, mit deren Hilfe die Großbetriebe zwar eingeschränkt, aber erfolgreich weiterarbeiten. Sie liefern den Beweis, dass es möglich gewesen wäre, auch in Brandenburg die Katastrophe der De-Industrialisierung, Sachkenntnis in den Bundesministerien für Wirtschaft und Finanzen und bei der Bundesvermögensverwaltung vorausgesetzt, erheblich abzuschwächen. Die von der letzten DDR-Regierung eingesetzte, dann von den Bonner Ministerien abhängige Konversionsgesellschaft „Treuhand" hat jedoch teils naiv, teils falsch berechnend Verträge abgeschlossen, die kriminellen und sonstigen unverantwortlichen Aktionen Vorschub geleistet haben. Das Wirken dieser Bundesanstalt in Brandenburg trug so zu einem geschätzten Gesamtschaden zwischen drei und zehn Milliarden DM bei, den ein Untersuchungsausschuss des Bundestages für das gesamte Gebiet der ehemaligen DDR 1998 errechnete.

Zu den Investitionsprojekten, die erfolgreich auch mit international tätigen Unternehmen weitergeführt wurden, gehören Schwedt/Oder (Öl und Papier), Ludwigsfelde (Mercedes-Nutzfahrzeuge), Eisenhüttenstadt (Stahl), Schwarzheide (Chemie/BASF) und Rüdersdorf (Zement/Readymix). Der Braunkohlenabbau in der Niederlausitz wird vor allem zur Energieerzeugung ebenfalls weiter betrieben, wenn auch auf etwa die Hälfte des ursprünglichen Tagebaus beschränkt. An einigen Standorten wie in Genshagen (Horsham-Gruppe) oder in Dahlewitz (BMW/Rolls Royce/Flugtriebwerke) gelangen sogar Neuinvestitionen. Es scheiterten jedoch auch einige hoch subventionierte Großinvestitionen (Luftschiffbau in Brand, Kreis Dahme-Spreewald; Chipfabrik Frankfurt (Oder), oder sie erreichten noch nicht das Stadium der Realisierung (Großflughafen Berlin-Schönefeld).

Als gescheitert muss der Versuch angesehen werden, durch das Modell der dezentralen Konzentration auch in den Berlin-fernen Kreisen des Landes für Arbeitsplätze zu sorgen. Die einzige wirtschaftlich blühende Region Brandenburgs ist – neben Ansätzen in Cottbus – jene um Berlin. Dort haben sich ganz auf die Hauptstadt orientierte Betriebe niedergelassen. Aufgrund der Sogfunktion der Metropole entstand jedoch innerhalb Brandenburgs ein Gefälle zwischen dem Berliner Umland und den Randgegenden des Landes. Dieses Ungleichgewicht vermochten auch die Steuerungsversuche der Wirtschaftspolitik bisher nicht auszugleichen. Den Randregionen droht der wirtschaftliche und demographische Niedergang.

Dabei hat der Motor Berlin selbst seit der „Wende" von 1989/90 an Zugkraft verloren. Vor 1945 stellte die Reichshauptstadt neben Schlesien, Mitteldeutschland und dem Ruhrgebiet das Wirtschaftszentrum des Reiches dar, in dem 1925 noch gut 50 Prozent der gesamten deutschen Elektroindustrie konzentriert waren. Nach 1945 gestaltete sich die wirtschaftliche Situation der geteilten Stadt Berlin im Zentrum des Kalten Krieges äußerst prekär. Zwar wurde Berlin (West) als Schaufenster und Außenposten des Westens durch Förder- und Subventionsmaßnahmen in seinem industriellen Kern im Wesentlichen erhalten. Doch hielten die großen Firmen mit Weltnamen – von dem Medikamentenhersteller Schering abgesehen –, also Siemens,

Die 22 größten Industriebetriebe der drei brandenburgischen Bezirke 1988

Ort	Bezirk	Branche	Unternehmen	Größenklasse
Brandenburg an der Havel	Potsdam	Eisen- und Stahlproduktion	Stahlwerk	> 5.000
Cottbus	Cottbus	Braunkohlenindustrie	Braunkohlewerk	> 10.000
Eisenhüttenstadt	Frankfurt (Oder)	Eisen u. Stahlproduktion	EKO Stahlwerk	> 10.000
Frankfurt (Oder)	Frankfurt (Oder)	Elektroindustrie	Halbleiterwerk	> 5.000
Fürstenwalde	Frankfurt (Oder)	Gummi	Reifenkombinat	> 2.500
Guben	Cottbus	Chemische Industrie	Chemiefaserkombinat	> 5.000
Hennigsdorf	Potsdam	Maschinenindustrie	LEW	> 5.000
Hennigsdorf	Potsdam	Eisen- und Stahlproduktion	Stahlwerk	> 5.000
Jänschwalde	Cottbus	Wärmekraftwerk	Kraftwerk	> 2.500
Lauchhammer	Cottbus	Braunkohlenindustrie	Braunkohlenveredelungswerk	> 5.000
Ludwigsfelde	Potsdam	Kraftfahrzeugbau	Automobilwerk	> 5.000
Neuruppin (mit Außenst. Teltow)	Potsdam	Elektroindustrie	EPW	> 5.000
Premnitz	Potsdam	Chemische Industrie	Chemiefaserkombinat	> 5.000
Rüdersdorf	Frankfurt (Oder)	Baustoffindustrie	Zementwerke	> 2.500
Schwarze Pumpe	Cottbus	Braunkohlenindustrie	Gaskombinat (Stammbetrieb)	> 10.000
Schwarzheide	Cottbus	Chemische Industrie	Synthesewerk (Stammbetrieb)	> 10.000
Schwedt	Frankfurt (Oder)	Erdölraffinerie	PCK	> 5.000
Senftenberg	Cottbus	Braunkohlenindustrie	Braunkohlekombinat (Stammbetrieb)	> 10.000
Teltow	Potsdam	Elektroindustrie	GRW	> 5.000
Vetschau	Cottbus	Wärmekraftwerk	Kraftwerk	> 2.500
Welzow	Cottbus	Braunkohlenindustrie	Braunkohlewerk	> 5.000

AEG-Telefunken, Osram, BMW oder Daimler-Benz, ihre Stellung im Westteil der Stadt aufgrund der gezahlten Subventionen und agierten teilweise mehr als „verlängerte Werkbank" ihrer westdeutschen Zentralen denn als gewinnorientierte Betriebe. Berlin (Ost) dagegen war voll in das industrielle System der DDR einbezogen. Beide Stadtteile bildeten lange Zeit das industrielle Zentrum ihres Landesteils. Mit dem Zusammenbruch der DDR verloren sie diese Position.

Der Verlust von Arbeitsplätzen in der Industrie war dabei nach der Wende dramatisch: In der Mark verringerte sich die Zahl der Beschäftigten von 461.000 (1989) auf nur noch 106.000 (1994). In Berlin blieben 1995 von den fünf Jahre zuvor noch vorhandenen 380.000 Arbeitsplätzen (West: 200.000/Ost: 180.000) in der Industrie noch ganze 163.000 (130.000/33.000) übrig. Insgesamt reduzierten sich die Industriearbeitsplätze in Berlin-Brandenburg um zwei Drittel von etwa 841.000 vor der Wende auf nur noch 270.000 Mitte der neunziger Jahre. Durch den Umbau der Wirtschaft vollzog sich insgesamt ein Strukturwandel hin zu forschungsintensiven und umweltfreundlichen Fertigungen und Produkten. In Berlin konnte der Rückgang der Arbeitsplätze im produzierenden Gewerbe (ohne Bau) von 344.000 (1991) auf 180.000 (2001) durch den gleichzeitigen Anstieg der Arbeitsplätze im Dienstleistungsbereich (von 742.000 auf 923.000) ausgeglichen werden. Wirtschaftlich innovative Ansätze bietet in Berlin-Brandenburg die moderne Biotechnologie.

Harald Engler

Literatur: K. Eckart u. J. Roesler (Hg.): Die Wirtschaft im geteilten und vereinten Deutschland, Berlin 1999; W. Fischer u. a. (Hg.): Treuhandanstalt. Das Unmögliche wagen, Berlin 1993; M. Heidenreich u. a. (Hg.): Krisen, Kader, Kombinate. Kontinuität und Wandel in ostdeutschen Betrieben, Berlin 1992; R. Karlsch: Allein bezahlt? Die Reparationsleistungen der SBZ/DDR 1945–1953, Berlin 1993; D. Kotsch: Das Land Brandenburg zwischen Auflösung und Wiederbegründung. Politik, Wirtschaft und soziale Verhältnisse in den Bezirken Potsdam, Frankfurt (Oder) u. Cottbus in der DDR (1952 bis 1990), Berlin 2001, v.a. S. 297–321; K. Scherf u. H. Viehrig (Hg.): Berlin und Brandenburg auf dem Weg in die gemeinsame Zukunft, Gotha 1995.

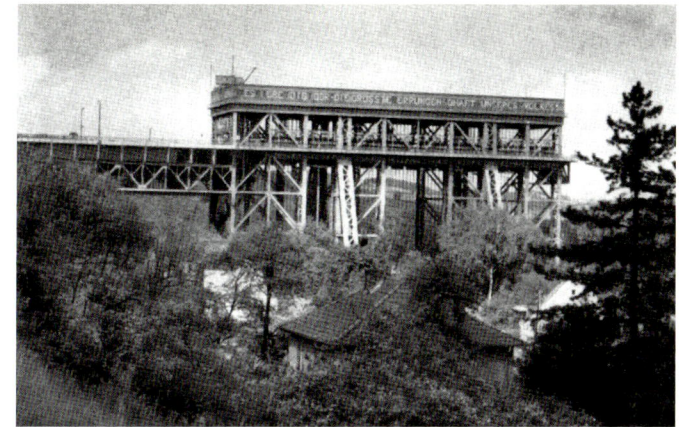

Schiffshebewerk Niederfinow (erbaut 1928–34)

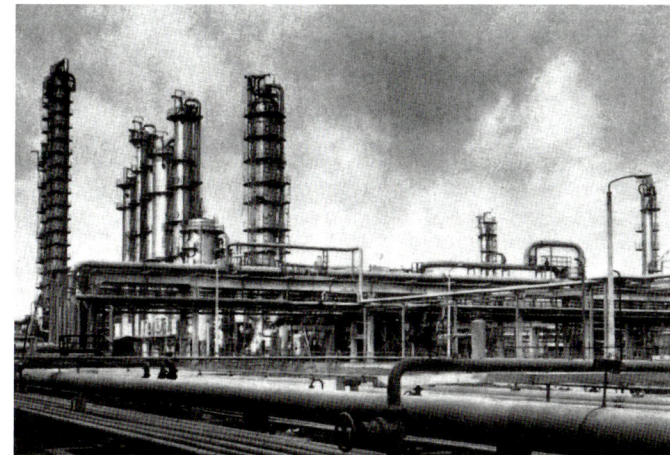

Öl-Raffinerie Schwedt (erbaut seit 1958)

Kalkbergwerk Rüdersdorf bei Berlin, um 1955

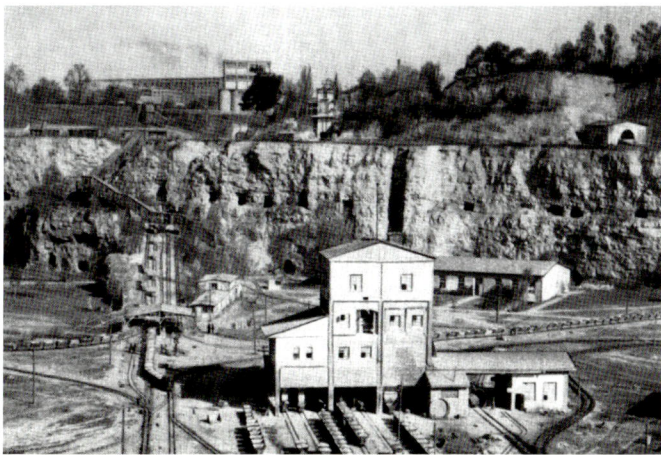

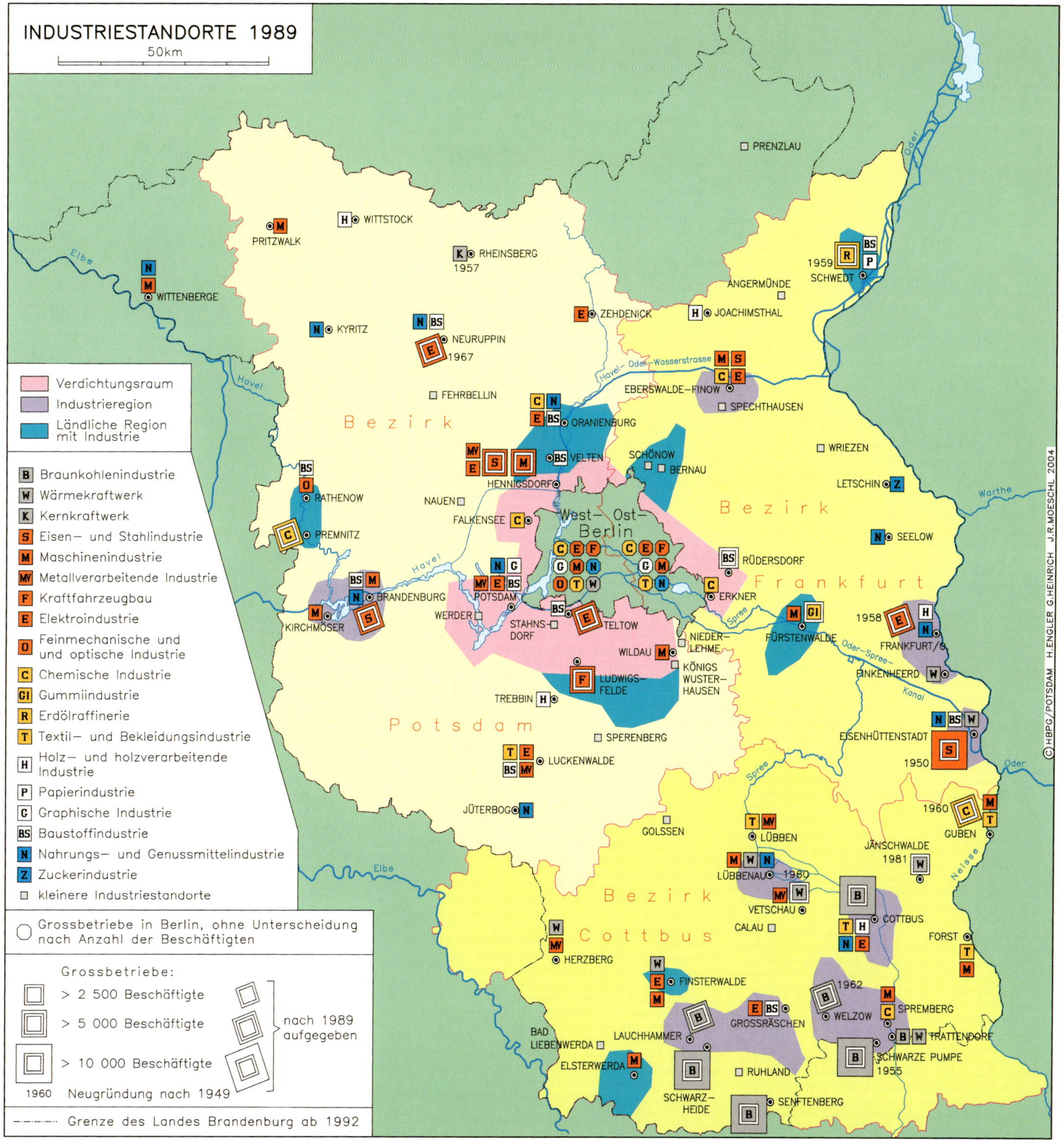
INDUSTRIESTANDORTE 1989
50km
Verdichtungsraum
Industrieregion
Ländliche Region mit Industrie
B Braunkohlenindustrie
W Wärmekraftwerk
K Kernkraftwerk
S Eisen- und Stahlindustrie
M Maschinenindustrie
MV Metallverarbeitende Industrie
F Kraftfahrzeugbau
E Elektroindustrie
O Feinmechanische und und optische Industrie
C Chemische Industrie
GI Gummiindustrie
R Erdölraffinerie
T Textil- und Bekleidungsindustrie
H Holz- und holzverarbeitende Industrie
P Papierindustrie
G Graphische Industrie
BS Baustoffindustrie
N Nahrungs- und Genussmittelindustrie
Z Zuckerindustrie
kleinere Industriestandorte
Grossbetriebe in Berlin, ohne Unterscheidung nach Anzahl der Beschäftigten
Grossbetriebe:
> 2 500 Beschäftigte
> 5 000 Beschäftigte
> 10 000 Beschäftigte
nach 1989 aufgegeben
1960 Neugründung nach 1949
Grenze des Landes Brandenburg ab 1992
Bezirk Potsdam
Bezirk Frankfurt
Bezirk Cottbus
West-Berlin
Ost-Berlin
PRITZWALK
WITTSTOCK
RHEINSBERG 1957
PRENZLAU
WITTENBERGE
KYRITZ
NEURUPPIN 1967
ZEHDENICK
JOACHIMSTHAL
ANGERMÜNDE
1959 SCHWEDT
FEHRBELLIN
ORANIENBURG
EBERSWALDE-FINOW
SPECHTHAUSEN
VELTEN
HENNIGSDORF
SCHÖNOW
BERNAU
WRIEZEN
RATHENOW
NAUEN
FALKENSEE
LETSCHIN
PREMNITZ
SEELOW
RÜDERSDORF
BRANDENBURG
KIRCHMÖSER
POTSDAM
WERDER
STAHNSDORF
TELTOW
ERKNER
FÜRSTENWALDE
1958
FRANKFURT/O.
NIEDER-LEHME
WILDAU
KÖNIGS WUSTERHAUSEN
LUDWIGSFELDE
FINKENHEERD
TREBBIN
SPERENBERG
EISENHÜTTENSTADT
1950
LUCKENWALDE
JÜTERBOG
GOLSSEN
1960
GUBEN
LÜBBEN
JÄNSCHWALDE 1981
LÜBBENAU 1960
VETSCHAU
CALAU
COTTBUS
FORST
HERZBERG
FINSTERWALDE
1962
SPREMBERG
GROSSRÄSCHEN
WELZOW
TRATTENDORF
BAD LIEBENWERDA
LAUCHHAMMER
ELSTERWERDA
RUHLAND
SCHWARZE PUMPE 1955
SCHWARZHEIDE
SENFTENBERG
Elbe
Havel
Oder
Havel-Oder-Wasserstrasse
Spree
Oder-Spree-Kanal
Warthe
Neisse
© HBPG/POTSDAM H.ENGLER G.HEINRICH J.R.MOESCHL 2004

Museen in Brandenburg.

Die brandenburgische Museumslandschaft gründet sich auf einem gewachsenen Bestand von Stadt- und Regionalmuseen. 1865 öffneten in Neuruppin und Müncheberg die ersten Heimatmuseen ihre Pforten. Die Städte Wittstock, Brandenburg an der Havel und Prenzlau zogen bald nach. 1914 konnten bereits 51 Altertums- und Heimatmuseen gezählt werden. Damit wies die Provinz die größte Museumsdichte aller deutschen Länder auf. Das Märkische Museum in Berlin übernahm die Funktion eines Provinzialmuseums.

Eine turbulente Gründungswelle nach 1989 ließ eine neue Dichte und Vielfalt in der Museumslandschaft entstehen. Vor allem Technikmuseen und Spezialmuseen sind hinzugekommen, aber auch Heimatstuben. Heute verfügt das Land über mehr als 350 Museen und Heimatstuben. Die Zahl der Besucher hat sich seit 1990 verdreifacht.

Ausgelöst durch administrative Veränderungen – Bildung des Landes Brandenburg, Kreisgebietsreform, Gemeindereform – vollzogen sich seit 1990 zahlreiche Wandlungen. Aus Bezirksmuseen wurden Kreis- oder Stadtmuseen; Kreismuseen wurden zusammengelegt oder von Städten übernommen. Viele Museen übertrug man an einen Verein. Insgesamt liegt die Verantwortung für die Museen in Brandenburg in hohem Maß auf den Schultern lokaler Träger. An manchen Stellen wäre eine größere Anteilnahme des Landes und der Kreise zu wünschen.

Auf unterschiedliche Weise bilden Heimat-, Stadt- und Regionalmuseen die vielfältigen Facetten der Landeskultur ab, ob in der Burg Lenzen oder im Spremberger Schloss, ob in der Adler-Apotheke in Eberswalde oder dem Kaufmannshaus in Finsterwalde. Ihr eigenes Publikum erobert haben auch die Technikmuseen. Ihr Spektrum ist so vielfältig wie die Produkte, mit denen die Mark Berlin belieferte. Glaswaren kamen aus Annenwalde und der Baruther Glashütte, Braunkohlenbriketts aus der Brikettfabrik „Louise" in Domsdorf, Ziegelsteine aus Mildenberg und Glindow, Kalk aus Rüdersdorf, Hüte aus Guben, Kachelöfen aus Velten, Lederhandschuhe aus Doberlug und Textilien aus Forst. Auto-, Fahrrad-, Eisenbahn- und Schifffahrtsmuseen machen die Beziehungen zwischen Stadt und Land auf besondere Weise deutlich. In den industriellen Hinterlassenschaften des 19. und 20. Jahrhunderts wird der historisch gewachsene Verflechtungsraum Berlin-Brandenburg greifbar. Museen wie die alte Eisenhütte in Peitz und das Industriemuseum in Brandenburg an der Havel mit dem letzten Siemens-Martin-Ofen eröffnen europäische Dimensionen der Stahl-Industrie. Neben technischen Entwicklungen erzählen diese Ausstellungen von den Lebens- und Arbeitsbedingungen der Werksarbeiter, von vielen Kindern und erschöpften Müttern, vom Arbeitergesangsverein und der Konsumgenossenschaft – von den „Mühen der Ebenen", wie Bertolt Brecht es nannte.

Dem Dichter ist in seinem Buckower Sommerhaus eines der Literaturmuseen gewidmet. Über bäuerliches Leben, über Landwirtschaft und Frondienste schrieb der in Angermünde verehrte Schriftsteller Ehm Welk. Vorführungen ländlichen Arbeitens und Lebens in größerem Maßstab bieten die agrarhistorischen Museen und die beiden Freilichtmuseen in Altranft im Oderbruch und in Lübbenau-Lehde im Spreewald, in denen wendisch-sorbische Besonderheiten erklärt werden. Die bildende Kunst hat nicht nur in den beiden Kunstsammlungen in Frankfurt (Oder) und Cottbus ihren festen Platz gefunden, sondern ebenfalls in vielen lokalen Museen.

Manche Museen entziehen sich der Zuweisung. Was wäre die Brandenburger Museumslandschaft ohne diese Solisten: das Filmmuseum in Potsdam, das Dokumentationszentrum für Alltagskultur der DDR in Eisenhüttenstadt, das Museum des Dreißigjährigen Krieges in Wittstock, das Artistenmuseum in Klosterfelde und schließlich: das Lügenmuseum in Gantikow. Museumsarbeit ist eine Kunst, und zwar eine der schönsten. Ob Stadt-, Regional- oder Spezialmuseen – sie alle bewahren Dinge, stellen sie aus und erzählen ihre Geschichten.

1912 wurde die „Vereinigung Brandenburgischer Museumsleiter" gegründet, der Vorläufer des heutigen Museumsverbandes Brandenburg. Der Verband, dem 180 Mitglieder angehören, nimmt mit Unterstützung des Landes vielfältige Aufgaben der Museumsberatung und museumspolitischen Vertretung wahr. Die Angebote des Verbandes und der Museen sind auf der Internetseite www.museen-brandenburg.de abrufbar.

Maren Ulbrich

Literatur: Museumsblätter: Mitteilungen des Museumsverbandes Brandenburg. Jg. 1 (2002) ff.; Museen in Brandenburg. Hg. Museumsverband des Landes Brandenburg e.V., Berlin 2001; U. Prell u. a.: Museen in Berlin und Brandenburg, 3. Aufl. Freiburg 1997; Technische Denkmäler in Brandenburg. Hg. Brandenburgische Museen für Technik, Arbeit und Verkehr, Berlin 2002; H. Ansorg: Die Entwicklung der historischen, volkskundlichen und Heimatmuseen während der Weimarer Republik: Besonders untersucht an der Situation in der ehemaligen Provinz Brandenburg, Berlin (DDR), Diss. Humboldt-Universität, Berlin 1986.

Potsdam, Filmmuseum (Orangerie)

Frankfurt (Oder), Rathaus

Cottbus, Schloss Branitz

Oderbruchtracht

MUSEEN in BRANDENBURG
– Auswahl –
40 km

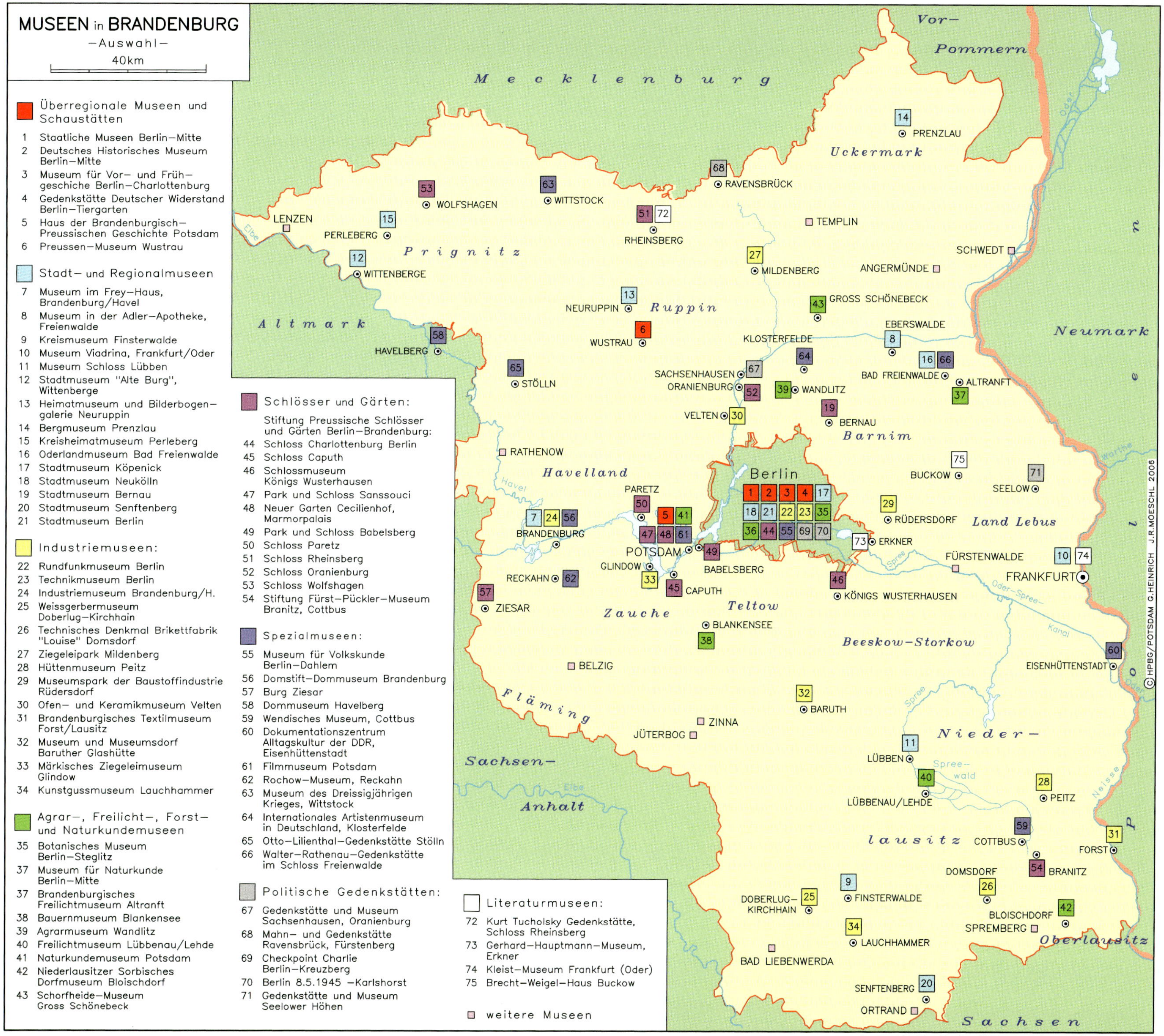

Überregionale Museen und Schaustätten
1. Staatliche Museen Berlin-Mitte
2. Deutsches Historisches Museum Berlin-Mitte
3. Museum für Vor- und Frühgeschichte Berlin-Charlottenburg
4. Gedenkstätte Deutscher Widerstand Berlin-Tiergarten
5. Haus der Brandenburgisch-Preussischen Geschichte Potsdam
6. Preussen-Museum Wustrau

Stadt- und Regionalmuseen
7. Museum im Frey-Haus, Brandenburg/Havel
8. Museum in der Adler-Apotheke, Freienwalde
9. Kreismuseum Finsterwalde
10. Museum Viadrina, Frankfurt/Oder
11. Museum Schloss Lübben
12. Stadtmuseum "Alte Burg", Wittenberge
13. Heimatmuseum und Bilderbogengalerie Neuruppin
14. Bergmuseum Prenzlau
15. Kreisheimatmuseum Perleberg
16. Oderlandmuseum Bad Freienwalde
17. Stadtmuseum Köpenick
18. Stadtmuseum Neukölln
19. Stadtmuseum Bernau
20. Stadtmuseum Senftenberg
21. Stadtmuseum Berlin

Industriemuseen:
22. Rundfunkmuseum Berlin
23. Technikmuseum Berlin
24. Industriemuseum Brandenburg/H.
25. Weissgerbermuseum Doberlug-Kirchhain
26. Technisches Denkmal Brikettfabrik "Louise" Domsdorf
27. Ziegeleipark Mildenberg
28. Hüttenmuseum Peitz
29. Museumspark der Baustoffindustrie Rüdersdorf
30. Ofen- und Keramikmuseum Velten
31. Brandenburgisches Textilmuseum Forst/Lausitz
32. Museum und Museumsdorf Baruther Glashütte
33. Märkisches Ziegeleimuseum Glindow
34. Kunstgussmuseum Lauchhammer

Agrar-, Freilicht-, Forst- und Naturkundemuseen
35. Botanisches Museum Berlin-Steglitz
37. Museum für Naturkunde Berlin-Mitte
37. Brandenburgisches Freilichtmuseum Altranft
38. Bauernmuseum Blankensee
39. Agrarmuseum Wandlitz
40. Freilichtmuseum Lübbenau/Lehde
41. Naturkundemuseum Potsdam
42. Niederlausitzer Sorbisches Dorfmuseum Bloischdorf
43. Schorfheide-Museum Gross Schönebeck

Schlösser und Gärten:
Stiftung Preussische Schlösser und Gärten Berlin-Brandenburg:
44. Schloss Charlottenburg Berlin
45. Schloss Caputh
46. Schlossmuseum Königs Wusterhausen
47. Park und Schloss Sanssouci
48. Neuer Garten Cecilienhof, Marmorpalais
49. Park und Schloss Babelsberg
50. Schloss Paretz
51. Schloss Rheinsberg
52. Schloss Oranienburg
53. Schloss Wolfshagen
54. Stiftung Fürst-Pückler-Museum Branitz, Cottbus

Spezialmuseen:
55. Museum für Volkskunde Berlin-Dahlem
56. Domstift-Dommuseum Brandenburg
57. Burg Ziesar
58. Dommuseum Havelberg
59. Wendisches Museum, Cottbus
60. Dokumentationszentrum Alltagskultur der DDR, Eisenhüttenstadt
61. Filmmuseum Potsdam
62. Rochow-Museum, Reckahn
63. Museum des Dreissigjährigen Krieges, Wittstock
64. Internationales Artistenmuseum in Deutschland, Klosterfelde
65. Otto-Lilienthal-Gedenkstätte Stölln
66. Walter-Rathenau-Gedenkstätte im Schloss Freienwalde

Politische Gedenkstätten:
67. Gedenkstätte und Museum Sachsenhausen, Oranienburg
68. Mahn- und Gedenkstätte Ravensbrück, Fürstenberg
69. Checkpoint Charlie Berlin-Kreuzberg
70. Berlin 8.5.1945 –Karlshorst
71. Gedenkstätte und Museum Seelower Höhen

Literaturmuseen:
72. Kurt Tucholsky Gedenkstätte, Schloss Rheinsberg
73. Gerhard-Hauptmann-Museum, Erkner
74. Kleist-Museum Frankfurt (Oder)
75. Brecht-Weigel-Haus Buckow

weitere Museen

Preußen. Entwicklung des Staatsgebietes 1525–1945.

Brandenburg-Preußen entwickelte sich zwischen dem Spätmittelalter und dem 20. Jahrhundert von einem dynastischen Verbundstaat zum zentralisierten Provinzen-Staat mit föderalistischen und regionalen Einrichtungen. Der Ausgangspunkt bestand in dem Kurfürstentum Brandenburg, dessen Umfang und Gliederung im Spätmittelalter und in der Reformationszeit verfestigt wurden (S. 10 f., 14 f.).

Namengebend wurde der baltische Stamm der Pruzzen (Altpreußen) zwischen Weichsel und Memel, deren äußerliche Mission und Unterwerfung dem Deutschen Orden bis 1283 gelang. Der Deutschordensstaat, in dem sich Pruzzen, deutsche Siedler und später auch Litauer, Kolonisten und Masuren vermischten, erwarb 1308 gegen den Widerstand der brandenburgischen Markgrafen Pommerellen mit Danzig und erlebte mit den Hauptorten Marienburg, Danzig, Elbing, Thorn, Kulm und Königsberg im 14. Jahrhundert seine Blütezeit. 1525 vereinbarte der Hochmeister Albrecht von Brandenburg-Ansbach († 1568) mit dem König von Polen, seinem Onkel, dessen Lehnsoberhoheit über den in ein protestantisches Herzogtum umgewandelten Ordensstaat. Das „herzogliche Preußen" wurde 1618 auf dem Erbwege mit Brandenburg in Personalunion vereinigt und 1657/60 (Vertrag von Oliva) von der Lehnsoberhoheit der „Krone Polen" befreit. Es war fortan ein außerhalb des Reichsverbandes stehendes souveränes Land der Kurfürsten von Brandenburg.

Als sich 1701 Kurfürst Friedrich III./I. in Königsberg zum König „in Preußen" krönte und internationale Zustimmung fand, ging über die Königswürde der Name des Herzogtums Preußen auf den brandenburgisch-preußischen Staat über.

1608 hatte Brandenburg – ebenfalls auf dem Erbwege – Kleve, Mark und Ravensberg übernommen. 1648 folgten Hinterpommern, Magdeburg-Halberstadt und Minden. 1702 erlangte der König aus dem oranischen Erbe die Grafschaft Lingen, Moers, das Fürstentum Neuenburg (Schweiz), sodann Tecklenburg, Nordhausen und Quedlinburg sowie durch Kauf sächsisches Territorium im Südwesten Brandenburgs. Es folgten Obergeldern (1713) und vor allem der Ostteil Schwedisch-Vorpommerns bis zur Peene mit Stettin, Wollin und Usedom (1720).

Friedrich der Große erwarb in den Schlesischen Kriegen mit dem Hinweis auf Erbansprüche Teile Schlesiens von Österreich (1745, 1763) und erhielt erbweise Ostfriesland (1744) mit Emden und Aurich. Bei der ersten Reduktion Polens erhielt Preußen Westpreußen, das Fürstbistum Ermland und den Netzedistrikt mit Bromberg. Damit war die Landverbindung bis zur Memel hergestellt. 1786 lebten ca. 5,5 Millionen Menschen auf 195000 Quadratkilometern.

1791 folgten die Erwerbungen der hohenzollernschen Markgrafschaften Ansbach und Bayreuth und mit der zweiten und dritten Teilung Polens (1793/95) Danzig, Thorn, Süd- und Neu-Ostpreußen (mit Warschau). Bei der Auflösung des Alten Reiches 1803 übernahm Preußen große Teile der westdeutschen geistlichen Territorien mit 600.000 Einwohnern, während die linksrheinischen Gebiete vorübergehend (1795–1815) an Frankreich fielen.

Mit dem Frieden von Tilsit (1807) sah sich der Staat auf seine rechtselbischen Kernräume beschränkt. Die Beschlüsse des Wiener Kongresses (1815) erhoben das Königreich zur stärksten Macht Norddeutschlands von den Rheinlanden und Westfalen über die erweiterten Mittelprovinzen bis nach West- und Ostpreußen. Als Folge der Auflösung des Deutschen Bundes und des Krieges mit Österreich (1866) wurden Hannover, Schleswig-Holstein, Nassau, Hessen-Kassel nebst Frankfurt annektiert.

Im neuen Reich seit 1871 stellte Preußen als einer von 25 Bundesstaaten zwei Drittel der Fläche und drei Fünftel der Bevölkerung zwischen Saar und Ruhrgebiet und Oberschlesien. 1919 (Versailles) verlor Preußen große Teile der Provinzen Westpreußen, Posen und Oberschlesien. 1939 umfaßte es fast 300.000 Quadratkilometer mit 41,47 Millionen Menschen. Mit der Zerstückelung des Reiches nach der Niederlage 1945 wurden Preußens Provinzen auf vier Besatzungszonen, auf Polen und die Siegermacht Sowjetunion verteilt. Am 25. Februar 1947 lösten die Alliierten auf der Grundlage völkerrechtlich problematischen Siegerrechtes den innerdeutschen Staat förmlich auf. Die Gebiete des Staates verteilen sich auf Brandenburg, Mecklenburg, Vorpommern, Sachsen und Anhalt, Thüringen, Niedersachsen, Hessen, Nordrhein-Westfalen, Rheinland-Pfalz, Baden-Württemberg sowie Polen, Litauen und Rußland.

Gerd Heinrich

Quellen und Literatur: G. Heinrich: Geschichte Preußens, 1981 (Karte); Lexikon des Mittelalters, Bd. 7 (1995), Sp. 194–198 (M. Boockmann, W. Paravicini), 292–294 (J. Börner); G. Köbler: Historisches Lexikon der deutschen Länder, 5. Aufl. 1995, S. 477–480 (Lit.); O. Büsch u. W. Neugebauer (Hg.): Handbuch der Preußischen Geschichte, Bde. 2 u. 3, 1992, 2000; K. Bremer u. a.: Kartenwerk zur Preußischen Geschichte, Lfg. 1–4 (1981–1995) (nicht mehr erschienen); T. Schade: Atlas zur Geschichte des Preußischen Staates, 2. Aufl. 1881; W. Ribbe u. H. Rosenbauer: Preußen. Chronik eines deutschen Staates, Berlin 2000 (Lit.; Zeittafel); Bilder aus der Mark Brandenburg (= Staatliche Schlösser und Gärten), Potsdam 1972; H. Lange: Wechselvolles Schicksal preuß. Kroninsignien und Kronjuwelen. In: JBLG 56 (2005), S. 203–227; B. Heidenreich u. Fr.-L. Kroll: Macht – oder Kulturstaat?, Berlin 2002

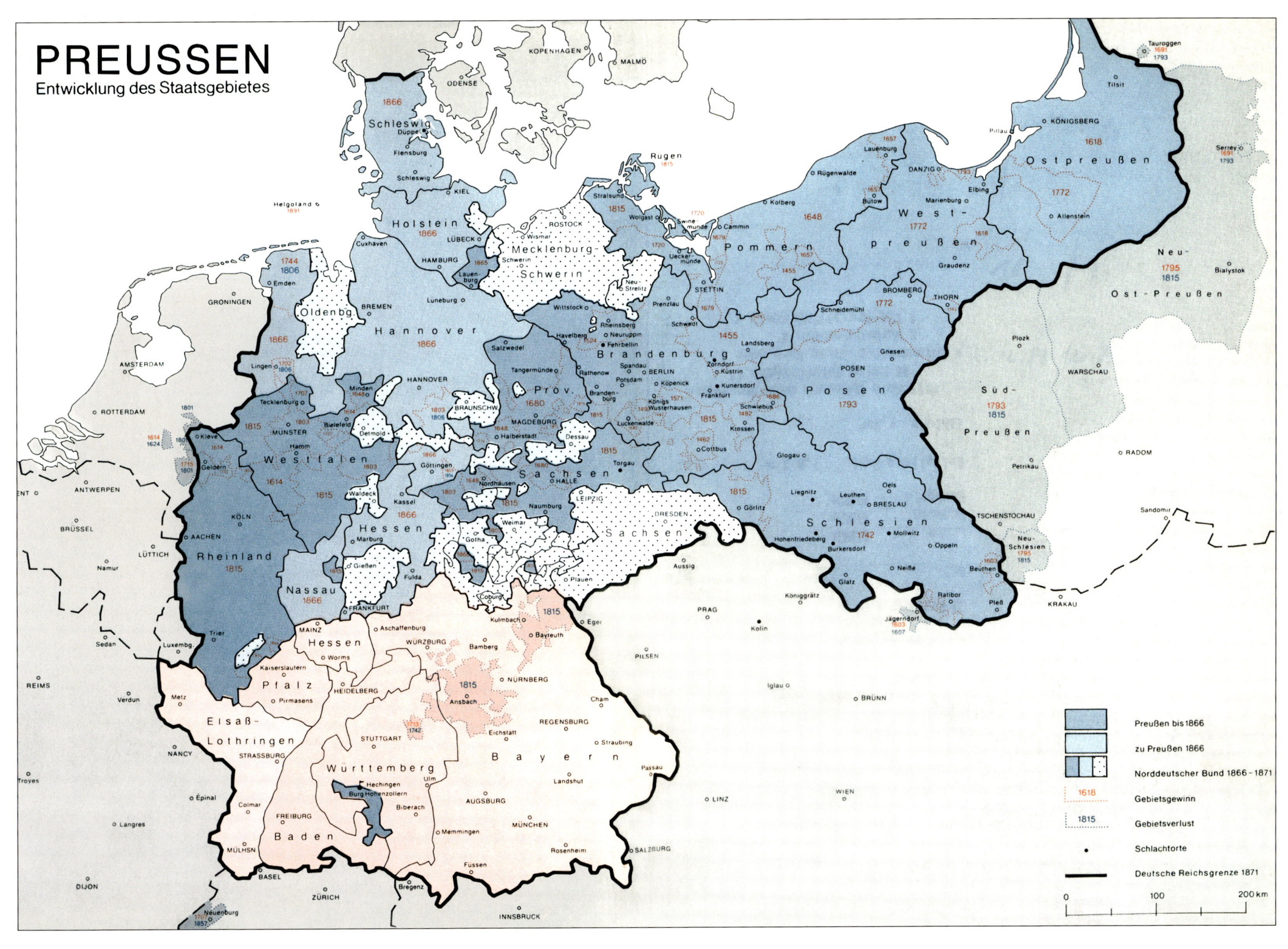

Zeittafel.

928/29: Feldzug König Heinrichs I. gegen die Heveller-Burg Brandenburg.

937: Das Moritzkloster in Magdeburg erhält von König Otto I. Abgaben aus dem Havelland um Potsdam.

938/48: Die Bistümer Brandenburg und Havelberg werden errichtet. Seit 968 unterstehen sie dem Erzstift Magdeburg.

983: Slawenaufstand gegen die ostsächsische Markenherrschaft. Bis 1147 bleiben größere Teile des ostelbischen Markengebietes unter der Herrschaft westslawischer Kleinfürsten.

997: König Otto III. in Arneburg (Altmark). Weiterhin zahlreiche Grenzkämpfe um Havelberg, Werben und Brandenburg.

1134: Der Askanier Mgf. Albrecht (von Ballenstedt) wird auf dem Reichstag zu Halberstadt mit der Nordmark belehnt. Nach Kämpfen übernimmt er **1150/57** die Dom- und Burg-Insel Brandenburg als Reichslehen und als Erbe des letzten Heveller-Fürsten Pribislaw-Heinrich.

1147: Wendenkreuzzug. Auflösung des Bundes der liutizischen Kleinstämme. Burgenbau zur Landsicherung im erweiterten Markengebiet.

1170-1320: Der Askanier Mgf. Albrecht stirbt. Sohn Otto I. bezeichnet die Brandenburg als Königliche Burg, Kaiserliche Kammer und Bischofssitz. Bis 1320 leiten die Markgrafen Siedlung und Mission in der Altmark, Mittelmark, Uckermark, Neumark und Randgebieten. Magdeburgischer Einfluss im Süden (Jüterbog).

1160-1270: Stadtentwicklung in Stendal, Spandau, Brandenburg, Berlin-Cölln, Frankfurt (Oder), Strausberg u. a. Orten. Nikolai-Kirchen als Kaufmannskirchen.

1226/30: Der Deutsche Orden erobert und missioniert das Gebiet der heidnischen Pruzzen (Preußen) zwischen unterer Weichsel und Kurischem Haff. Gründung Königsbergs (1255).

1323: Die Markgrafschaft Brandenburg fällt an das bayerische Haus Wittelsbach (1373). Bis 1350 Kämpfe um das Erbe Mgf. Woldemars (†1319).

1356: Reichstagsbeschluss: Erzkämmereramt und Kurrecht sind mit dem Besitz der Markgrafschaft unlöslich verbunden.

1373-1415: Die böhmischen Luxemburger (Karl IV.) besitzen die Markgrafschaft nebst Kurrecht. Sie bauen Tangermünde zur Residenz aus.

1412/15: König Sigismund setzt den Burggrafen Friedrich von Nürnberg (Haus Hohenzollern) als Landesherrn und Kurfürsten ein. Nebenherrschaft der Burggrafen in der Mark bis 1486.

1442/47: Der Hauptort Berlin-Cölln wird durch Kf. Friedrich II. unterworfen und der Bau des Schlosses an der Spree begonnen.

1440-1499: Die Kurfürsten Friedrich II. (1470), Albrecht Achilles (1486) und Johann Cicero (1499) verbessern die Landesverwaltung. Sie gewinnen einen Teil der im 14. Jh. verlorenen Gebiete im Norden und Südosten zurück.

1499-1535: Kf. Joachim I. 1506: Universität Frankfurt an der Oder als Landesuniversität eröffnet.

1535-1571: Kf. Joachim II. und Mgf. Johann (Neumark). Erbverträge mit den niederschlesischen Herzögen von Liegnitz.

1537-1540: Kirchenordnungen. Beginn der Reformation.

1568: Brandenburg erhält die Mitbelehnung für das Herzogtum Preußen (Ostpreußen).

1571-1598: Kf. Johann Georg. Beginn der erfolgreichen Heiratspolitik. Wiedereingliederung von Neumark, Crossen, Sternberg und Cottbus in das Kurfürstentum.

1598-1608: Kf. Joachim Friedrich. Öffnung nach Westen: Niederländische Bewegung. Kalvinismus. Gelehrte Bildung breitet sich aus. Auflösung der Bistümer.

1608-1619: Kf. Johann Sigismund. Übernahme von Cleve, Mark und Ravensberg (1609) und Preußen (1618) als Erbe. Ausbau der reichsfürstlichen Stellung.

1619-1640: Kf. Georg Wilhelm, Dreißigjähriger Krieg. Jahre der Okkupation.

1620: Finow-Kanal zwischen Oder und Havel.

1625: Pest und Epidemien in der Neumark und Mittelmark mit hoher Sterberate.

1636: Schlacht bei Wittstock. Schwedische Truppen besiegen das kaiserliche Heer.

1638/39: Große Notzeit: Besatzungsterror. Hungertod und Landflucht.

1640-1688: Friedrich Wilhelm der „Große Kurfürst". Im Westfälischen Frieden 1648 gewinnt er Hinterpommern, Halberstadt und Minden (1648) sowie das Herzogtum Magdeburg (1660/80).

1655-1660: Brandenburg nimmt am Schwedisch-Polnischen Krieg mit dem neuen Heer teil. Es entledigt sich der polnischen Lehnshoheit über Ostpreußen (1660).

1685: Edikt von Potsdam. Hugenotten und andere Glaubensvertriebene wandern ein und erhalten Sonderrechte in den Staatsprovinzen.

1688-1713: Kf. und Kg. Friedrich III./I. Universität Halle (1694). Frühaufklärung in Brandenburg-Preußen. Verstärkte Religionstoleranz.

1701: Friedrich III. krönt sich in Königsberg zum König „in Preußen".

1713-1740: Kg. Friedrich Wilhelm I. Mittelpunkte der Staatsarbeit: Wirtschaft, Verwaltung, Militär.

1720: Brandenburg-Preußen erwirbt Teile von Vorpommern mit Stettin, den Inseln Usedom und Wollin für zwei Millionen Taler.

1723: Die Zentralbehörde „Generaldirektorium" umfasst großenteils die zivile Innenverwaltung des Staates. Das Heer wird auf 80.000 Soldaten (1740) erweitert.

1740-1786: Kg. Friedrich II., der Große. Territorialer Zugewinn: Schlesien (1745), Ostfriesland (1744), Westpreußen (1772).

1744-1752: Entwässerungs- und Siedlungsarbeiten im Oderbruch zwischen Küstrin und Freienwalde.

1756-1763: Siebenjähriger Krieg. Preußen behauptet die Erwerbungen. Zerstörungen in der Neumark.

1786-1797: König Friedrich Wilhelm II. Mit der 2. und 3. Polnischen Teilung übernimmt Preußen Gebiete um Posen und Kalisch, Thorn und Danzig, Warschau und Schlesien. Es verliert zeitweise an Frankreich linksrheinische Herrschaften.

1794: Einführung des Allgemeinen Landrechts (gültig bis 1900).

1797-1840: Kg. Friedrich Wilhelm III. Spätaufklärung und Vorreformzeit.

1806/07: Niederlage Preußens gegen Napoleon bei Jena und Auerstedt. Es wird im Frieden von Tilsit (9.7.1807) auf Ost- und Westpreußen (ohne Danzig), Pommern, Schlesien und Brandenburg (ohne Altmark) beschränkt. Dem Rheinbund als Protektorat Frankreichs treten Österreich, Preußen, Braunschweig und Kurhessen nicht bei.

1813-1815: Befreiungskriege: Preußische Truppen tragen die Hauptlast bei der Vertreibung der Truppen Napoleons und des Rheinbundes (Großbeeren, Hagelberg, Luckau, Bautzen, Großgörschen, Leipzig).

1815: Preußen erhält Westpreußen, Posen, Schwedisch-Vorpommern, Teile von Sachsen, Westfalen und das Rheinland. Gliederung in zehn Provinzen. Brandenburg umfasst die Kurmark, Neumark, Niederlausitz. Fortan drei Regierungsbezirke: Berlin, Potsdam, Frankfurt: 39.000 km².

1816: 1.085.899 Einwohner (ohne Berlin).

1830: Industrialisierung: 245 Dampfmaschinen mit 4.485 PS; Chausseebau.

1838: Eisenbahn Berlin–Potsdam.

1840–1859/61: Kg. Friedrich Wilhelm IV.

1847: Einberufung der Ausschüsse der Provinziallandtage nach Berlin als „Vereinigter Landtag". Beginn politischer Unruhen.

1848: Märzrevolution. Straßenkampf in Berlin. Soziale Unruhen auch in Brandenburg, geringer Widerhall in Dörfern und kleinen Städten.

1849–1850: Verfassung, Dreiklassenwahlrecht. 1.264 Dampfmaschinen mit 67.149 PS im Gesamtstaat (1849). Die Niederlausitz wird Textilgebiet.

1853: Im Regierungsbezirk Potsdam verfügen Rittergüter und Domänen über 42,6 Prozent der Nutz- und Forstflächen und über 30 Prozent des Ackerlandes.

1861–1888: Kg. Wilhelm I., seit 1871 auch Deutscher Kaiser.

1861/62: Th. Fontane: Wanderungen durch die Mark Brandenburg beginnen zu erscheinen.

1871 18. Januar: Proklamation der kleindeutschen Reichseinheit in Versailles.

1875: Neue Provinzialordnung: „Provinzialverband der Provinz Mark Brandenburg" (1876–1945, Berlin, dann Potsdam). Aufhebung der Stände als Landesvertretung; Ausnahme: die Niederlausitz.

1880: Gesetz über die Organisation der allgemeinen Landesverwaltung: Berlin wird eigener Verwaltungsbezirk mit dem Polizeipräsidenten unter dem Oberpräsidenten. Dieser bleibt für beide Gebiete zuständig. Urbanisation und Verwaltungsgrenzen decken sich nicht.

1888–1918: Wilhelm II. Deutscher Kaiser, König von Preußen.

1911: Der Zweckverband Groß-Berlin bereitet in der Bau-, Verkehrs- und Landschaftsplanung die Neuordnung des Berliner Raumes vor, bleibt aber zunächst ohne Wirkung.

1914–1918: Erster Weltkrieg. Durch den Versailler Friedensvertrag verliert Preußen u. a. im Osten Teile der Provinzen Posen, Westpreußen und Oberschlesien an Polen.

1920: Die preußische Landesversammlung beschließt die Bildung einer neuen Stadtgemeinde Berlin (8 Städte, 59 Landgemeinden, 27 Gutsbezirke, 883 Quadratkilometer, 3,8 Millionen Einwohner). Brandenburg verliert 44 v. H. der Einwohner und 2 v.H. des Gebietes.

1923: Gustav Büchsenschütz verfasst in Wolfslake das Märker-Lied „Steige hoch Du roter Adler".

1925: Provinz Brandenburg: 2,59 Millionen Einwohner. Regierungsbezirk Potsdam: 70 Städte, 1.418 Landgemeinden, 899 Gutsbezirke. Regierungsbezirk Frankfurt: 68 Städte, 1.611 Landgemeinden, 943 Gutsbezirke. Von den Erwerbstätigen arbeiten 31 v. H. in der Land- und Forstwirtschaft, 35 v.H. in Industrie und Handwerk, 14 v.H. in Handel und Verkehr, 4,7 v.H. in der Verwaltung.

1933 30. Januar: Nach der Ernennung Hitlers zum Reichskanzler Verhaftungen, Terroraktionen, Verfolgung besonders der Kommunisten. Wahlergebnis (5. März 1933) der NSDAP: Berlin 34,6 v.H., Potsdam 49,6 v.H., Frankfurt (Oder): 55,6 v.H. **21. März:** Reichstagseröffnung („Tag von Potsdam") in Abwesenheit der SPD-Abgeordneten, Absetzung des Evangelischen Generalsuperintendenten der Kurmark Otto Dibelius (24.6., Beginn des Kirchenkampfes). Der Gauleiter der NSDAP Wilhelm Kube wird Oberpräsident von Brandenburg (14.6.). Die Provinzialverwaltung verliert ihre Selbständigkeit (15.12.).

1934 30. Juni: Mordaktion Hitlers gegen vermeintliche und echte Regime-Gegner vor allem in Berlin-Brandenburg, Pommern und Schlesien. Tod der Generale v. Schleicher und v. Bredow.

1935 16. März: Wiedereinführung der Wehrpflicht. Rascher Ausbau der Kasernen, Truppenübungs- und Flugplätze.

1936 12. Juli: Errichtung des Konzentrationslagers Sachsenhausen als Musterlager des NS-Terrors, in dem bis 1945 ca. 200.000 Häftlinge aus 35 Ländern inhaftiert werden.

1938 21. März: Gebietsaustausch: Brandenburg erhält die Kreise Meseritz und Schwerin/Warthe. Es verliert die Kreise Arnswalde und Friedeberg an die Provinz Pommern. **9. und 10. November:** Judenpogrom auch in brandenburgischen Städten.

1939 Frühjahr: In Ravensbrück (bei Fürstenberg/Mecklenburg) entsteht ein Frauen-Konzentrationslager. Bis Ende April 1945 werden dort ca. 123.000 Frauen, Männer und Kinder aus 20 Nationen in Haft gehalten. **1. September:** Angriff auf Polen löst den Zweiten Weltkrieg aus. In Brandenburg entstehen Kriegsgefangenenlager für polnische Soldaten. Hochkonjunktur der Rüstungsindustrie.

1940: Im Zuchthaus Brandenburg-Görden werden bis April 1945 2.000 politische Häftlinge aus 17 Ländern Europas hingerichtet. U. a. finden im alten Zuchthaus Brandenburg von Januar bis September Tötungen psychisch kranker und pflegebedürftiger Patienten aus den Landesanstalten („Aktion T 4", „Euthanasie-Morde") statt.

1941 26. Februar: Häftlinge aus den Lagern Sachsenhausen und Ravensbrück arbeiten fortan in der Rüstungsindustrie Berlins und Brandenburgs.

1943 18. November: Beginn der verstärkten Flächenbombardements Berlins und der Randgebiete durch die alliierte Luftwaffe.

1944 20. Juli: Das Attentat auf Hitler scheitert in Rastenburg und Berlin. Mitwisser und Regime-Gegner werden in den Lagern Drögen und Ravensbrück (bei Fürstenberg) in Haft gehalten.

1945 15. April: Kriegsendkämpfe auch in Berlin-Brandenburg (u. a. Oderbruch, Halbe, Berliner Zentrum). Starke Zerstörungen durch Kämpfe, Luftangriffe, Brandschatzungen, Racheaktionen in mehr als 25 Städten der Provinz.

1945 8. Mai: Bedingungslose Kapitulation. Die vier Siegermächte übernehmen die Regierungsgewalt. Brandenburg ist Bestandteil der sowjetischen Besatzungszone (SBZ). Sowjetische Militäradministration, Einsetzung von Stadtkommandanten. **10. Juni:** Zulassung von politischen Parteien in der SBZ: KPD, SPD, CDU und LDP. Der Zusammenschluss zum „Antifa-Block" (14.7.) verhindert ihre Selbststandigkeit. **17. Juli bis 2. August:** Alliierte Siegerkonferenz in Potsdam. Ausweisung der deutschen Bevölkerung aus den Ostgebieten. Brandenburg muss 725.000 (3/1949) Vertriebene und Flüchtlinge übernehmen, großenteils ansiedeln und versorgen. **6. September:** Die Provinzialregierung erlässt die Verordnung über eine Bodenreform (entschädigungslose Enteignung der Eigentümer mit über 100 ha Grundbesitz). Massenhafte und pauschale Verhaftungen vermeintlicher Geg-

Zeittafel.

ner der Besatzungsmacht durch die sowjetische Geheimpolizei NKWD. Sieben Internierungslager, Zuchthäuser und Gefängnisse entstehen, darunter im ehemaligen KZ Sachsenhausen (Speziallager Nr. 7). Von den ca. 123.000 Speziallagerhäftlingen in der gesamten SBZ starben bis 1950 knapp 40% an den katastrophalen Haftbedingungen. In Sachsenhausen starben von 60.000 Häftlingen mindestens 12.000.

1946 21. April: Zwangsvereinigung von KPD und SPD zur SED. Gründung der Filmgesellschaft DEFA in Potsdam (17.5.) erste Wahl zum Landtag: 31 v.H. CDU, 20 v.H. LDPD, 44 v.H. SED, 5 v.H. Bauernhilfe.

1949 September/Oktober: Gründung der beiden deutschen Staaten.

1950 8. Februar: Bildung des Ministeriums für Staatssicherheit als Instrument des Kalten Krieges und als Repressionsapparat der SED. **15. Oktober:** Zweite Landtagswahl als „Einheitswahl". Beginn des Prozesses der endgültigen Sowjetisierung der DDR-Gesellschaft. Er führt zur Alleinherrschaft der SED, zur Gleichschaltung von CDU und LDP und zur Auflösung der Länder.

1950/51: Rekonstruktion der Großbetriebe: u. a. VEB Stahl- u. Walzwerk Brandenburg an der Havel., Hennigsdorf, Finow und später Fürstenberg/Oder.

1952: Auflösung der bisherigen Landesgliederung: drei Bezirke und 43 Kreise (1.8.).

1953 17. Juni: Aufstand in der DDR gegen die SED-Diktatur: u. a. in Hennigsdorf, Brandenburg an der Havel, Rathenow, Berlin (Ost), Cottbus, Lauchhammer, Stalinstadt. Niederschlagung durch sowjetische Besatzungsmacht und Volkspolizei. Massenverhaftungen durch die Staatssicherheit. Auslieferung von Aufständischen an sowjetische Militärtribunale.

1954: Aufbauschwerpunkte: Braunkohlenindustrie in der Niederlausitz.

1956 1. März: Gründung der NVA. Garnisonen u. a. in Potsdam, Strausberg, Frankfurt (Oder), Hoyerswerda.

1959/60: Die Zusammenfassung aller agrarischen Privatbetriebe zu landwirtschaftlichen Produktionsgenossenschaften (LPG) lässt die Flüchtlingszahlen nach West-Berlin dramatisch ansteigen.

1961 13. August: Schließung der Grenze um Berlin (West) mit einer Mauer.

1965: LKW-Produktion in Ludwigsfelde. Verstärkter Wohnsiedlungsbau in den Industriezentren.

1968 Mai/Juni: Sprengung der Ruine der Potsdamer Garnisonkirche als erneuter Auftakt eines antipreußischen Gebäudesturms der SED, dem bis 1979/80 ganze Potsdamer Straßenzüge zum Opfer fallen.

1972: Verstaatlichung von 800 Privatbetrieben und Produktionsgenossenschaften.

1975–1989: Arbeiten an der Verbesserung und Erweiterung der Transitverbindungen nach Berlin (West): Autobahnen, Schienenwege und Kanäle.

1989 7. Mai: Die gefälschten Ergebnisse der SED-Kommunalwahl lösen offene Proteste aus. Zunahme der Flucht- und Ausreisebewegung. **10. September:** Aufruf zur Bildung einer unabhängigen Bürgerbewegung „Neues Forum". **5. Oktober:** Gründung der SDP-Initiativ-Gruppe in Schwante. Zerbrechen der SED-Diktatur im Oktober und November 1989 unter dem Druck der Wirtschaftskatastrophe, der Massenproteste sowie der Fluchtbewegungen. **9. November:** Fall der „Berliner Mauer", Öffnung der Grenzen, auch der „Glienicker Brücke" bei Potsdam für den Publikumsverkehr. **22. Dezember:** Beginn der Arbeit eines Regionalausschusses Berlin-Brandenburg.

1990 16. Februar: Beschluss zur Wiederbegründung des Landes Brandenburg mit Potsdam als Landeshauptstadt. **16./17. März:** Eine gemeinsame Synode bildet sich wieder für die Evangelische Kirche in Berlin-Brandenburg. **6. Mai:** Kommunalwahl: 27,5 v.H. SPD, 16,3 v.H. PDS, 2,5 v.H. Bündnis 90, 25 v.H. CDU, 5,6 v.H. FDP, 25,1 v.H. Sonstige. **22. Juli:** Die frei gewählte Volkskammer der DDR beschließt das „Ländereinführungsgesetz". **3. Oktober:** Deutsche Einheit. Beitritt der Länder Mecklenburg-Vorpommern, Brandenburg, Sachsen-Anhalt, Sachsen, Thüringen sowie Ost-Berlins zum Geltungsbereich des Grundgesetzes. **14. Oktober:** Landtagswahl in Brandenburg: 38,2 v.H. SPD, 13,4 v.H. PDS, 6,4 v.H. Bündnis 90, 29,4 v.H. CDU, 6,6 v.H. FDP, 6 v.H. Sonstige. Koalition von SPD (5), Bündnis 90 (2), FDP (2). Das Bundesland Nordrhein-Westfalen leistet vielfältig Hilfe beim Wiederaufbau von Verfassung, Verwaltung und Wirtschaft. Rückgang der Zahl der Beschäftigten in der Wirtschaft auf 47 Prozent (1989: 100).

1992 Brandenburgs staatliche Gliederung umfasst 1.775 Gemeinden in 38 Landkreisen und vier Stadtkreise.

1992 14. Juni: Annahme der brandenburgischen Verfassung durch einen Volksentscheid mit großer Mehrheit.

1993 15. Oktober: Landtag beschließt umfassende Gebietsreform. Brandenburg besteht jetzt aus von den bisherigen Verwaltungsstrukturen abweichenden 14 Großkreisen und vier kreisfreien Städten.

1994 9. September: Die letzten russischen Truppen verlassen das Land.

31. Dezember: Auflösung der Treuhandanstalt. Bildung der Bundesanstalt für vereinigungsbedingte Sonderaufgaben (BvS). Der Landtag beschließt eine in der Zwischenzeit veränderte Landkreisordnung (1993/94/03), Gemeindeordnung (2001) und Amtsordnung (2001/2003).

1996 5. Mai: Der Volksentscheid über eine Fusion von Berlin und Brandenburg scheitert an der Ablehnung der Brandenburger mit 63% Nein-Stimmen.

1997: Der wirtschaftliche Aufholprozess gegenüber den westdeutschen Bundesländern kommt zum Erliegen. Im März erreicht die offizielle Arbeitslosenzahl in Brandenburg erstmals 250.000.

1998–2004: Fortdauer der Investitionen in die Modernisierung der Infrastruktur. Erhalt und Neuansiedlung von Industriebetrieben in Eisenhüttenstadt, Brandenburg a. d. Havel, Schwedt/O., Schwarzheide und Ludwigsfelde. 1999 fuhren 111.000 Brandenburger Arbeitspendler täglich nach Berlin und 54.500 Berliner Arbeitspendler nach Brandenburg. Anhaltende Abwanderungen aus den Agrargebieten mit bis zu 30% realer Arbeitslosigkeit. Fortschritte in der Denkmalpflege und im Landestourismus.

2003: Bildung einer Großen Koalition aus SPD und CDU.

2007: 850 Jahre Markgrafschaft Brandenburg (1157)

Gerd Heinrich

Daten und Zeittafeln: G. Heinrich (Hg.): Berlin und Brandenburg, Stuttgart 1995, S. XXIII ff.; Ders.: Geschichte Preußens, Frankfurt a.M. 1984, S.559–570.; W. Ribbe: Geschichte in Daten. Brandenburg, München u. Berlin 1995, S.17 ff.; G. Holmsten: Die Berlin-Chronik, Düsseldorf 1984.

Literatur.

Bibliographie: Die Nachschlagewerke und Fortsetzungsbibliographien sind verzeichnet bei G. Heinrich (Hg.): Berlin und Brandenburg, 1995, LV Nr. 1–15, 518–523, 708–722. – H. J. Schreckenbach: Bibliographie zur Geschichte der Mark Brandenburg. Teil 1–5, Weimar 1970/71 ff.

Andreae, A. u. U. Geisler, (Hg.): Die Herrenhäuser des Havellandes, Berlin 2001.

Beck, Fr. u. E. Henning u.a. (Hg.): Brandenburgisches Biographisches Lexikon, Potsdam 2002.

Behördenverzeichnis Brandenburg, Jh. 9: 2003, Halle 2002.

Bliß, W.: Die Plankammer der Regierung Frankfurt an der Oder. 1670–1870, Köln u. Wien 1978.
Die Plankammer der Regierung Potsdam. Spezialinventar 1651–1850, Köln, Wien 1981.
Allgemeine Kartensammlung Provinz Brandenburg. Spezialinventar. Köln, Wien 1988.

Büsch, O. u. W. Neugebauer (Hg.): Handbuch der preußischen Geschichte. Bde 2–3, Berlin, New York 1992, 2000.

Dehio, G. (Hg.): Brandenburg. Bearb. von G. Vinken u. a., München u. Berlin 2000.

Dollinger, H. (Hg.): Die letzten hundert Tage, Wiesbaden 1983.

Enders, L.: Die Uckermark, Weimar 1992.

Enders, L.: Die Prignitz, Potsdam 2000.

Fischer, R. E.: Die Ortsnamen der Länder Brandenburg und Berlin, Berlin 2005.

Fontane, Theodor: Wanderungen durch die Mark Brandenburg, (Ausg. in 7 Bdn.), Berlin [u. a.]: Aufbau-Verl., 1991.

Hahn, P. M.: Adel und Landesherrschaft in der Mark Brandenburg im späten Mittelalter und in der frühen Neuzeit. In: Jahrbuch für Brandenburgische Landesgeschichte (JBLG) 38 (1987), S. 43–57.

Hahn, P.-M. u. H. Lorentz (Hg.): Herrenhäuser in Brandenburg und der Niederlausitz. Kommentierte Neuausgabe des Ansichtenwerkes von Alexander Duncker (1857–1883), Band 1. u. 2, Berlin 2000.

Heilmeyer, M. u. a.: Schön und Nützlich. Aus Brandenburgs Kloster-, Schloss- und Küchengärten (= HBPG), Berlin 2004.

Heinrich, G.: Geschichte Preußens. 2. Aufl., Frankfurt am Main 1984.

Heinrich, G. (Hg.): Berlin und Brandenburg. Mit Neumark und Grenzmark Posen-Westpreußen. 3. Aufl. Stuttgart 1995 (= Handbuch der Historischen Stätten Deutschlands. Bd. 10).

Heinrich, G. (Hg.): Tausend Jahre Kirche in Berlin-Brandenburg. Mit Beiträgen von P. Bahl, G. Besier, E. Börsch-Supan, F. Escher, I. Gundermann, G. Heinrich, Th. Klingebiel, M. O. Kunzendorf, D. Kurze, H. D. Loock, H. Möller, K. E. Pollmann, W. Ribbe, P. Schmidt, R. Stupperich, R. v. Thadden, Berlin 1999.

Heinrich, G. u. a. (Hg.): Verwaltungsgeschichte Ostdeutschlands 1815–1945, Stuttgart 1993; Darin: Provinz Brandenburg und Berlin (P. M. Hahn, W. Vogel, F. Escher, A. Splanemann, Chr. Engeli).

Heinrich, G., K. Hess, W. Schich, W. Schößler (Hg.): Stahl und Brennabor. Die Stadt Brandenburg im 19. und 20. Jahrhundert, Potsdam 1998.

Historischer Handatlas: G. Heinrich u. a. (Hg.): Historischer Handatlas von Brandenburg und Berlin. Lieferung 1–68. Nebst Texten. Berlin: Walter de Gruyter 1962–1980 (= Veröffentlichungen der Historischen Kommission zu Berlin).

Huchel P.: Langsam dreht sich das Jahr ins Licht, Wilhelmshorst 2003.

Ibbeken, H., M. Helle u. H. Börsch-Supan: Die mittelalterlichen Feld- und Bruchsteinkirchen des Fläming, Berlin 1999.

Kotsch, D.: Das Land Brandenburg zwischen Auflösung und Neugründung... (1952–1990), Berlin 2001 (JBLG 53, 2002, S. 155–159).

Lakowski, R.: Seelow 1945, 2. Aufl., Berlin 1995.

Lehmann, R.: Geschichte der Niederlausitz, Berlin 1963.

Marksteine. Eine Entdeckungsreise durch Brandenburg-Preußen, Berlin 2001 (= Haus der Brandenburgisch-Preußischen Geschichte...).

Mielke, R. u.a.: Die Kultur (= Landeskunde der Provinz Brandenburg, Bd. 4), Berlin 1916.

Mittenzwei, I. u. E. Herzfeld: Brandenburg-Preußen 1648–1789. Das Zeitalter des Absolutismus in Text und Bild, Berlin 1987.

Neugebauer, W.: Die Hohenzollern. Bd. 1, 2. Stuttgart usw. 1996, 2003. (Urban Taschenbücher 573 f.).

Ortstermine. Stationen Brandenburg-Preußens auf dem Weg in die moderne Welt (= Museumsverband des Landes Brandenburg; Landesausstellung), Berlin 2001.

Papay, G. u.a.: Mecklenburg und Pommern: Das Land im Rückblick (= Historischer u. geographischer Atlas von Mecklenburg und Pommern, Bd. 2), Rostock u. Schwerin 1996.

Pröve, R. u. B. Kölling (Hg.): Leben und Arbeiten auf märkischem Sande. Wege in die Gesellschaftsgeschichte Brandenburgs 1700–1914, Bielefeld 1999.

Ribbe, W. u. I. Materna (Hg.): Brandenburgische Geschichte. Berlin 1995.

Ribbe, W. (Hg.): Geschichte Berlins. Bde. 1–2. 3. Aufl., Berlin 2002.

Röper, U., S. Oelker u. A. Reuter (Hg.): Preußens FrauenZimmer (= Kloster Stift zum Heiligengrabe, Ausstellung), Berlin 2001.

Scharfe, W. (Hg.): Berlin und seine Umgebung im Kartenbild nebst Beiträgen zur Landschafts- und Klimageschichte des Berliner Raumes. Katalog, Berlin 1987.

Schlenke, M. (Hg.): Preußen-Ploetz, Freiburg u. Würzburg 1983.

Schmidt, E.: Die Mark Brandenburg unter den Askaniern 1134–1320, Köln, Wien 1973.

Schmook, R. u. H. Drewing: Märkisch-Oderland, Neuenhagen 1999.

Schramm, P.E. (Hg.): Kriegstagebuch des Oberkommandos der Wehrmacht. Bd. 4 (8), 1982, S. 1055–1278, 1451–1474.

Schultze, J.: Die Mark Brandenburg. Bde. 1–5, Berlin 1961–1969.

Schulze, B. u. G. Wentz: Historischer Atlas der Provinz Brandenburg. Berlin 1929–1939. 19 Karten, – Neue Folge, Berlin 1962 ff.

Schuppan, E. (Hg.): Sklave in euren Händen. Zwangsarbeit in Kirche und Diakonie Berlin-Brandenburg, Berlin 2003.

Städtebuch: Hg: E. Engel u. a.: Brandenburg und Berlin. Stuttgart usw. 2000 (Deutsches Städtebuch, Neubearbeitung Bd. 2); Darin: P. Neumeister, Quellen und Literatur, S. 635–646.

Treue, W.: Wirtschafts- und Technikgeschichte Preußens, Berlin, New York 1984.

Vogel, W.: Brandenburg u. Marburg/Lahn 1975 (= Grundriß zur deutschen Verwaltungsgeschichte 1815–1945. Reihe A: Preußen, hg. v. W. Hubatsch.)

Zeitschriften: Forschungen zur Brandenburgischen u. Preußischen Geschichte (FBPG), 1888–1944; 1991 ff. – Jahrbuch f. brandenburgische Landesgeschichte (JBLG), 1952 ff. (lfde. Bibliographie!). – Jahrbuch für die Geschichte Mittel- und Ostdeutschlands (JG-MOD), 1952 ff. – Niederlausitzer Studien, 1967 ff. – Jahrbuch für Berlin-Brandenburgische Kirchengeschichte, 1903 ff.

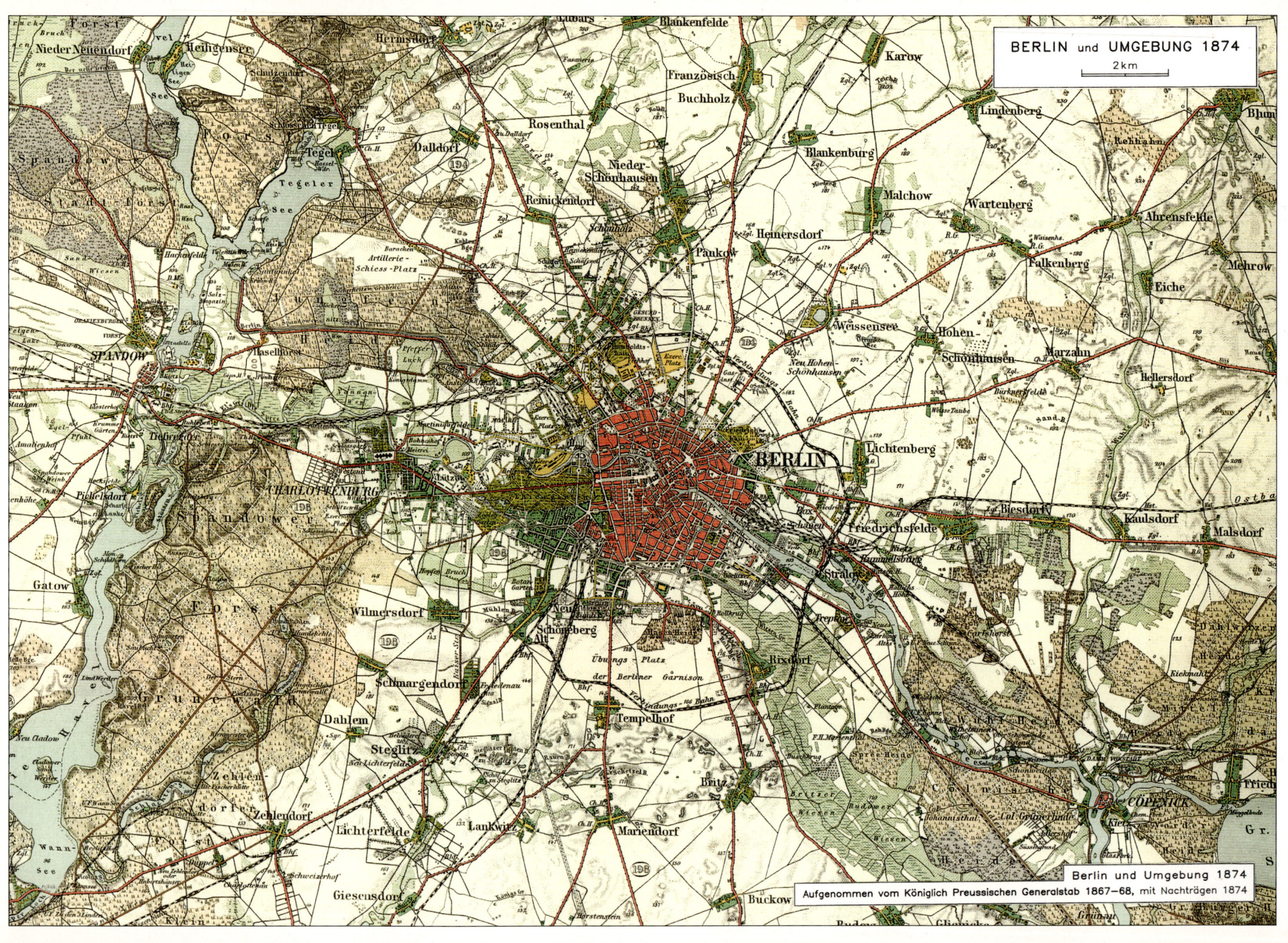